www.ingramcontent.com/pod-product-compliance
Lightning Source LLC
LaVergne TN
LVHW010358070526
838199LV00065B/5856
9789358722529

ہندوستان:

تاریخ و ثقافت

(حصہ اول)

(تعمیر نیوز ویب پورٹل کے منتخب مضامین)

مرتبہ:

مکرم نیاز

© Taemeer Publications LLC

Hindustan - Taariikh o Saqaafat - *Part-1*

by: Mukarram Niyaz

Edition: October '2024

Publisher :

Taemeer Publications LLC (Michigan, USA / Hyderabad, India)

ISBN 978-93-5872-252-9

9 789358 722529

مرتب یا ناشر کی پیشگی اجازت کے بغیر اس کتاب کا کوئی بھی حصہ کسی بھی شکل میں بشمول ویب سائٹ پر اَپ لوڈنگ کے لیے استعمال نہ کیا جائے۔ نیز اس کتاب پر کسی بھی قسم کے تنازع کو نمٹانے کا اختیار صرف حیدرآباد (تلنگانہ) کی عدلیہ کو ہو گا۔

© تعمیر پبلی کیشنز

کتاب	:	**ہندوستان: تاریخ و ثقافت** (حصہ اول)
مرتب	:	**مکرم نیاز**
بہ تعاون	:	تعمیر نیوز ویب پورٹل
صنف	:	تحقیق
ناشر	:	تعمیر پبلی کیشنز (حیدرآباد، انڈیا)
سالِ اشاعت	:	۲۰۲۴ء
صفحات	:	۱۱۰
سرورق ڈیزائن	:	تعمیر ویب ڈیزائن

فہرست

(۱) البیرونی، ابن بطوطہ اور ہندوستان	8
(۲) مغل حکمرانوں کی سلطنت اور ان کے حرم	14
(۳) ہندوستانی محکمہ ڈاک کے ۷۰ اسال	20
(۴) ہندوستان کی قدیم اسلامی درس گاہیں - مدارسِ دکن	22
(۵) امیر خسرو اور ہندوستانی موسیقی	25
(۶) تان سین اور ہندوستانی موسیقی	31
(۷) قطب الدین ایبک - قوت اسلام مسجد اور قطب مینار	41
(۸) بھکتی تحریک - کبیر اور تلسی داس کے حوالے سے	47
(۹) بیجاپور - ایک بہترین تاریخی و تفریحی مقام	54
(۱۰) علی گڑھ تحریک	59
(۱۱) شہر بنارس کے مختلف نام	73
(۱۲) برصغیر ہندوپاک کی جھیلیں اور دریا	77
(۱۳) کانپور: ہاں یہی شہر نوا ہے	88
(۱۴) بدایوں - روہیل کھنڈ علاقہ کے تاریخی شہر کی داستاں	103

یہ ہے میرا ہندوستان، میرے سپنوں کا جہان

مکرم نیاز

آج کا قاری اطلاعاتی و مواصلاتی ٹیکنالوجی کے ایسے عہدِ زریں میں جی رہا ہے جہاں انگلی کی چھوٹی سی حرکت پر انٹرنیٹ کے کسی سرچ انجن کے سہارے مطلوبہ مواد اپنے مطالعے یا اضافۂ معلومات کی خاطر حاصل کیا جاسکتا ہے۔ مگر ظاہر ہے کہ سائبر دنیا کو علمی و ادبی ذخیرے کا منبع بنانے کے لیے ہر زندہ زبان کے محبان کو اپنی ذمہ داری نبھانی ضروری ہے۔ لہذا راقم الحروف نے ۱۵/ دسمبر ۲۰۱۲ کو 'تعمیر نیوز' کا آغاز بطور نیوز پورٹل کیا تھا جسے جنوری ۲۰۱۸ء سے ایک علمی، ادبی، سماجی اور ثقافتی پورٹل میں تبدیل کیا گیا۔ تبدیلی کی بنیادی فکر یہی رہی کہ اردوداں قارئین کے ذوقِ مطالعہ میں اضافہ کی خاطر انہیں صرف خبروں تک محدود رکھنے کے بجائے اردو زبان و ادب کے اس علمی ذخیرے سے مستفید کیا جائے جس کی سائبر دنیا میں آج بھی کمی محسوس کی جاتی ہے۔ گیارہ (۱۱) سالہ طویل سفر کے دوران 'تعمیر نیوز' نے علمی و ادبی مواد کے انتخاب، معیار کی برقراری اور نوجوان قلمکاروں کی تحریروں کی تدوین، اشاعت اور ان کی حوصلہ افزائی کے لیے اپنا فریضہ نبھانے میں کوئی کوتاہی نہیں برتی ہے۔

انٹرنیٹ اور ویب سائٹس کی افادیت کے باوجود اس بات کا انکار نہیں کیا جاسکتا کہ کاغذی کتاب اور کتب خانے کی اہمیت ہر دور میں رہی ہے اور رہے گی بھی۔ یہی سبب ہے کہ ادارہ تعمیر نیوز کی جانب سے آن لائن پورٹل پر شائع شدہ منتخب تحریروں کو کتابی شکل میں طبع کرنے اور قومی و بین الاقوامی کتب خانوں میں ان کتب کو شامل کروانے کا منصوبہ بنایا گیا ہے تا کہ عہدِ قدیم و حاضر

کے قلم کاروں، رجحانات و موضوعات کو کاغذی صورت میں بھی محفوظ کیا جاسکے۔ اسی سلسلے میں مفید و معلوماتی کتابوں کی اشاعت عمل میں لائی جا رہی ہے۔

جیسے جیسے انسان تیزی سے مستقبل کی جانب بھاگ رہا ہے وہ ماضی کو بھی چھوڑتا چلا جا رہا ہے۔ نئی تاریخیں رقم ہو رہی ہیں اور تہذیب و ثقافت کا اس قدامت سے رشتہ منقطع ہو رہا ہے کہ جس سے کسی بھی ملک و قوم کے ابتدائی سفر کا پتہ ملتا ہے۔ ایسے میں کتاب ہی انسان کی ایسی دوست ثابت ہوتی ہے جو اپنے قاری کو ماضی میں لے جا کر اسے اپنے ملک و قوم کی تہذیب، تاریخ و ثقافت سے روشناس کراتی ہے۔ تہذیب، تمدن اور ثقافت کا تعلق انفرادی نہیں بلکہ اجتماعی ہے اور ہندوستان چونکہ ابتدا سے ہی مشترک تہذیب و تمدن کا سماج رہا ہے لہٰذا زبانوں کے علاوہ معاشرت، رسم و رواج اور معیشت جیسے معاملات میں ہندوؤں، مسلمانوں اور دیگر مذاہب کے متبعین نے ایک دوسرے سے کافی اثرات قبول کیے ہیں۔ قوی امکان ہے کہ ہندوستانی تاریخ کے اس سفر کا مطالعہ قاری کو ہندوستانی زندگی کے مختلف شعبوں جیسے معاشرت، سیاست، جغرافیہ، آرٹ، موسیقی، ادب، فلسفہ، مذہب، سائنس وغیرہ سے آگاہ کرے گا۔

وطن عزیز ہندوستان کی تاریخ، تہذیب و ثقافت کے موضوع پر زیر نظر پہلی کتاب "ہندوستان: تاریخ و ثقافت (حصہ اول)" میں جملہ ۱۴ منتخب مضامین شامل ہیں جو اپنی ایک خاص اہمیت کے حامل ہیں۔ امید ہے کہ اس کاوش کا علمی و ادبی حلقوں میں استقبال کیا جائے گا۔

مکرم نیاز

۶؍اکتوبر ۲۰۲۴ء

حیدرآباد (تلنگانہ، انڈیا)

البیرونی، ابن بطوطہ اور ہندوستان

چودھویں صدی میں ابن بطوطہ دہلی آیا تھا۔

اس وقت تک پورا برصغیر ہند ایک ایسے عالمی نیٹ ورک رابطہ کا حصہ بن چکا تھا جو مشرق میں چین سے لے کر مغرب میں شمالی آفریقہ اور یوروپ تک پھیلا ہوا تھا۔ جیسا کہ ہم نے دیکھا ابن بطوطہ خود ان علاقوں میں بڑے پیمانے پر سفر کئے تھے۔ مقدس مذہبی یادگاروں کو دیکھا تھا، عالموں اور حکمرانوں کے ساتھ وقت گزارا تھا۔ اکثر قاضی کے عہدہ پر فائز رہا اور شہری مراکز کی عالمی ثقافت سے لطف اندوز ہوا تھا۔ جہاں عربی، فارسی، ترکی اور دیگر زبانیں بولنے والے افراد، خیالات اور تاریخی تفصیلات میں شریک ہوتے تھے۔ اس میں اپنے تقوی کیلئے مشہور افراد کی ایسے راجاؤں کی جو ظالم اور رحم دل دنوں ہو سکتے تھے اور عام مرد وخواتین نیز ان کی زندگیوں کی کہانیاں شامل تھیں۔ جو بھی غیر مانوس تھا اس پر خاص طور سے روشنی ڈالی جاتی تھی۔ ایسا یہ یقینی کرنے کیلیے کیا جاتا تھا کہ سامع یا قاری دور دراز کی قابل پہنچ دنیا کے تذکروں سے پوری طرح متاثر ہو سکے۔

ناریل اور پان۔ ابن بطوطہ کے طرز بیان کے طریقوں کی کچھ مثالیں ان طریقوں میں ملتی ہیں جن میں وہ ناریل اور پان۔ دو ایسی نباتاتی پیدوار جن سے اس کے قارئین پوری طرح ناواقف تھے کا ذکر کرتا ہے۔

پان:

ابن بطوطہ پان کا تذکرہ اس طرح کرتا ہے:

پان ایک ایسا درخت ہے جسے انگور کی بیل کی طرح ہی اگایا جاتا ہے۔۔۔ پان کا کوئی پھل نہیں ہوتا اور اس کو صرف اس کے پتوں کیلئے ہی اگایا جاتا ہے۔۔۔ اس کو استعمال کرنے کا طریقہ یہ ہے کہ اسے کھانے سے پہلے چھالیا لی جاتی ہے۔ یہ جائفل جیسی ہی ہوتی ہے مگر اسے تب تک توڑا (کترا) جاتا ہے جب تک اس کے چھوٹے چھوٹے ٹکڑے نہیں ہو جاتے اور انہیں منہ میں رکھ کر چبایا جاتا ہے۔ اس کے بعد پان کے پتوں پر تھوڑا سا کتھا رکھ کر اس کے ساتھ انہیں چبایا جاتا ہے۔

انسانی سر جیسا گری دار میوہ:

ناریل کا تذکرہ ابن بطوطہ اس طرح کرتا ہے۔

یہ درختوں کی قسم میں سب سے منفرد اور نشو و نما کے طریقے میں متحیر کن درختوں میں سے ایک ہے۔ یہ ہو بہو کھجور کے درختوں کی مانند نظر آتے ہیں۔ ان میں کوئی فرق نہیں سوائے اس کے کہ ایک سے گری دار میوہ حاصل ہوتا ہے اور دوسرے سے کھجور۔ ناریل کے درخت کا پھل انسانی سر سے مشابہت رکھتا ہے کیونکہ اس میں بھی مانو دو آنکھیں اور ایک منہ ہے اور اندر کا حصہ ہر ہونے کے سبب دماغ جیسا نظر آتا ہے۔ اس سے جڑے ریشے بالوں جیسے دکھائی دیتے ہیں۔ وہ اس سے رسی بناتے ہیں۔ لوہے کی کیلوں کے استعمال کے بجائے اس سے جہاز کو سیتے (جوڑتے) ہیں وہ اس سے برتنوں کیلئے رسی بھی بناتے ہیں۔

ابن بطوطہ اور ہندوستانی شہر:

ابن بطوطہ نے برصغیر ہند کے شہروں کو ان کیلئے پرجوش مواقع سے بھرپور پایا جن کے پاس ضروری جانفشانی، وسائل اور مہارت تھی۔ یہ شہر گھنی آبادی والا تیز و خوشحال،

سوائے کبھی کبھی جنگ اور حملوں سے ہونے والے انتشار کے۔ ابن بطوطہ کے بیان سے ایسا ظاہر ہوتا ہے کہ زیادہ تر شہروں میں بھیڑ بھاڑ والی سڑکیں اور منور ور نگین بازار تھے جو مختلف طرح کی اشیاء سے بھرے پڑے رہتے ہیں۔

ابن بطوطہ دہلی کو نہایت وسیع شہر، بڑی آبادی کے ساتھ ہندوستان کا سب سے بڑا شہر بتاتا ہے۔ دولت آباد (مہاراشٹرا) بھی کم بڑا نہیں تھا اور رقبے میں دہلی کے مد مقابل تھا۔

دہلی:

جسے اس عہد کی کتابوں میں اکثر دلی کے نام سے لکھا جاتا تھا۔ کا تذکرہ ابن بطوطہ اس اقتباس میں یوں کرتا ہے۔ دلی ایک وسیع رقبے میں پھیلا گھنی آبادی والا شہر ہے۔ شہر کے چاروں طرف مورچہ بندی یعنی حصار (شہر پناہ کی دیوار) کے مماثل ہے۔ دیوار کی چوڑائی گیارہ ہاتھ (ایک ہاتھ تقریباً ۱۸ تا ۲۰ انچ) یا نیم گز ہے۔ اس کے اندر رات کے پہرے دار اور دربانوں کے مکانات ہیں۔ اس کے اندر اشیائے خوردنی، سامان جنگ (میگزین، گولہ بارود، منجنیقیں اور محاصرہ میں کام آنے والی مشینوں کو رکھنے کیلئے گودام بنے ہوئے ہیں۔ بغیر خراب ہوئے، ان حصار میں اناج طویل عرصہ تک رکھا جاسکتا تھا۔۔۔ حصار کے اندرونی حصہ میں گھوڑا سوار اور پیادہ فوجی شہر کے ایک جانب سے دوسری جانب جایا کرتے تھے۔ کھڑکیاں شہر کے جانب کھلتی ہیں۔ ان ہی کھڑکیوں کے ذریعہ روشنی اندر آتی ہے۔ حصار کا نچلہ حصہ پتھر سے تعمیر کیا گیا ہے جب کہ اوپری حصہ اینٹوں سے تعمیر کیا گیا ہے۔ اس میں ایک دوسرے کے قریب قریب کئی مینار بنی ہیں۔ اس شہر کے ۲۸ ابواب ہیں جنہیں دروازہ کہا جاتا ہے۔ ان میں بدایوں دروازہ سب سے بڑا ہے۔ مانڈوی، دروازے کے اندر ایک اناج منڈی ہے۔ گل دروازے کے پھولوں کا بغل میں باغیچہ ہے۔ اس (دہلی شہر) میں ایک بہترین قبرستان ہے جس میں موجود قبروں

کے اوپر گنبد بنا ہے اور جن قبروں کے اوپر گنبد نہیں ہے ان پر ایک محراب ہے۔ قبرستان میں بصلہ دار پودا یاسمین اور جنگلی گلاب وغیرہ پھول اگائے جاتے ہیں اور یہاں پھول سبھی موسم میں کھلے رہتے ہیں۔

کتاب الہند:

البیرونی کی تخلیق "کتاب الہند" کی عربی تحریر آسان اور واضح ہے۔ یہ ایک ایسی ضخیم کتاب ہے جو مذہب اور فلسفہ، تیوہاروں، علم فلکیات، کیمیا، رسم و رواج، عقائد، معاشرتی زندگی، وزن و پیمائش، مجسمہ سازی، قانون اور نظام وزن و پیمائش جیسے مضامین پر ۸۰ ابواب میں منقسیم ہے۔ عام طور پر (حالانکہ ہمیشہ نہیں) البیرونی نے ہر باب میں ایک امتیازی ساخت (طرز) بنائی ہے۔ جس کا آغاز ایک سوال سے ہوتا ہے۔ پھر سنسکرت روایات پر منحصر بیان اور آخر میں دیگر ثقافتوں کا موازنہ کیا گیا ہے۔ موجودہ دور کے کچھ دانشوروں کی دلیل ہے کہ اس ہندی ساخت (Geometric Structure) جو اپنی صحت معلومات اور پیشن گوئی کئے جانے کی قابلیت کے لئے قابل ذکر ہے، کا ایک خاص سبب البیرونی کا ریاضی کی طرف رجحان تھا۔ البیرونی جس نے کتاب تحریر کرنے کیلئے عربی زبان کا استعمال کیا تھا۔ ممکن ہے اپنی کتاب بر صغیر کے سرحدی علاقوں میں رہنے والے لوگوں کیلئے تحریر کی ہو۔ وہ سنسکرت، پالی اور پراکرت کتابوں کے عربی زبان میں ترجموں اور تصرف سے واقف تھا۔ اس میں فرضی قصوں سے لے کر علم فلکیات اور طب سے متعلق کتابیں شامل تھیں۔ لیکن ساتھ ہی ان کتابوں کے مواد تحریر کی طرز کے ضمن میں اس کا نقطہ نظر تنقیدی تھا۔ یقینی طور سے وہ اس میں اصلاح کرنا چاہتا تھا۔

ابن بطوطہ کا رحلہ:

ابن بطوطہ کی عربی زبان میں تحریر سیاحت کی کتاب جسے "رحلہ" کہا جاتا ہے۔

چودھویں صدی کے برصغیر ہند کی سماجی اور ثقافتی زندگی کے متعلق تفصیلی اور دلچسپ معلومات فراہم کراتی ہے۔ مراکش کے اس سیاح کی پیدائش تنجیار کے ایک باعزت اور تعلیم یافتہ خاندان میں جو اسلامی مذہبی قانون یعنی شریعت میں خصوصی مہارت کیلئے مشہور تھا میں ہوئی تھی۔ اپنی خاندانی روایت کے بموجب ابن بطوطہ نے کم عمر میں ہی ادبی اور مکتبی تعلیم حاصل کرلی تھی۔ اپنے طبقے کے دیگر افراد کے برخلاف ابن بطوطہ کتابوں کے مقابلے سیاحت سے حاصل تجربت کو علم اور معلومات کا زیادہ اہم ذریعہ مانتا تھا۔ اسے سفر کرنے کا بہت شوق تھا۔ وہ نئے نئے ممالک اور لوگوں کے متعلق جاننے کیلئے دور دراز کے مقامات تک گیا۔ ۱۳۳۲-۳۳ میں ہندوستان کیلئے روانہ ہونے سے قبل وہ مکہ کے زیارتی سفر (حج) اور شام (سیریا)، عراق، فارس (ایران)، یمن، عمان اور مشرقی افریقہ کے کئی ساحلی تجارتی بندرگاہوں کی سیاحت کرچکا تھا۔

وسط ایشیاء کے زمینی راستے سے ہوکر ابن بطوطہ ۱۳۳۳ میں سندھ پہنچا۔ اس نے دہلی کے سلطان محمد بن تغلق کے بارے میں سنا تھا اور فن وادب کے ایک فیاض سرپرست کی حیثیت سے اس کی شہرت کی کشش سے متاثر ہوکر ابن بطوطہ ملتان اور کچھ کے راستے سے دہلی کی طرف روانہ ہوا۔ سلطان اس کی علمیت سے متاثر ہوا اسے دہلی کا قاضی یعنی جج مقرر کیا۔ وہ اس عہدہ پر کئی سال تک رہا مگر اس نے اپنا اعتماد کھودیا اور اسے قید خانے میں قید کردیا گیا۔ بعد میں سلطان اور اس کے درمیان کی غلط فہمی دور ہونے کے بعد اس کو شاہی خدمت میں بحال کردیا گیا۔ ۱۳۴۲ میں اسے منگول حکمراں کے پاس سلطان کے سفیر کی حیثیت سے چین جانے کا حکم دیا گیا۔ اپنی نئی تفویض کے ساتھ وسطی ہندوستان کے راستے مالابار ساحل کی طرف روانہ ہوا۔ مالابار سے وہ مالدیپ گیا جہاں وہ اٹھارہ مہینے قاضی کے عہدہ پر فائز رہا۔ لیکن آخرکار اس نے سری لنکا جانے کا فیصلہ کیا۔ بعد میں ایک

بار پھر وہ مالابار ساحل اور مالدیپ گیا۔

چین جانے کے اپنے مشن کو دوبارہ شروع کرنے سے قبل وہ بنگال اور آسام بھی گیا۔ وہ جہاز سے سماترا گیا اور سماترا سے ایک دوسرے جہاز سے چین کے بندر گاہی شہر زیاتن (Zaytun) اب قوانز ہو Quanzhou کے نام سے جانا جاتا ہے) گیا۔ اس نے وسیع طور پر چین میں سیاحت کی۔ وہ بیجنگ تک گیا لیکن وہاں وہ طویل عرصے تک نہیں ٹھہرا۔ ۱۳۴۷ میں اس نے اپنے گھر واپس جانے کا فیصلہ کیا۔ چین کے ضمن میں اس کے سفر نامہ کا موازنہ مارکو پولو جس نے تیرھویں صدی کے آخر میں وینس سے روانہ ہو کر چین (اور ہندوستان کا بھی) سفر کیا تھا کے سفر نامے سے کی جاتی ہے۔

***

مغل حکمرانوں کی سلطنت اور ان کے حرم

فرماں روایان مغل سلطنت خود کو ایک وسیع اور مختلف العناصر عوام الناس کے جائز حکمراں کے طور پر دیکھتے تھے۔ یہ عظیم تصور اکثر حقیقی صورتحال کو محدود کر دیتا تھا۔ اگرچہ یہ تصویر اہم بنی رہی۔ شاہی خاندان کی تاریخ کے ذریعہ اس تصویر کی ترسیل پذیری کی جاتی تھی۔ مغل بادشاہ درباری مؤرخین کو اپنے کارناموں کا تذکرہ قلمبند کرنے کا کام تفویض کرتے تھے۔ ان تذکروں میں بادشاہ کے عہد کے واقعات قلمبند کئے جاتے تھے۔ مزید براں ان کے مصنفین نے حکمرانوں کو اپنی قلمرو میں حکمرانی کرنے میں مدد کیلئے برصغیر ہند کے دیگر علاقوں سے بڑی مقدار میں اطلاعات جمع کیں۔

انگریزی میں لکھنے والے جدید مؤرخین نے اس قسم کے متون (تاریخوں) کو وقائع نگاری (Chronicles) کی اصطلاح سے معنون کیا ہے۔ اس لئے کہ یہ واقعات کو تسلسل کے ساتھ تاریخ اور قلمبند کرتے تھے۔ مغلوں کی تاریخ مرتب کرنے کے خواہش مند کسی بھی دانشور کیلئے یہ وقائع لازمی ماخذ ہیں۔ ایک سطح پر تو یہ وقائع مغل ریاست کے اداروں کے متعلق حقیقی اطلاعات کا عجائب خانہ تھے جو اُن افراد کے ذریعہ بڑی محنت و مشقت سے جمع اور درجہ بند کئے گئے تھے جو دربار سے نزدیکی طور پر وابستہ تھے۔ ساتھ ہی ساتھ ان متون کا مدعا ان مفہوم کو منتقل کرنا تھا جس کو مغل حکمراں اپنے قلمرو سے نافذ کرنا چاہتے تھے۔ تاہم یہ واقعات ہمیں اس بات کی ایک جھلک پیش کرتے ہیں کہ کیسے شاہی خیالات تخلیق اور نشر کئے جاتے تھے۔ اس باب میں ہم غنی اور محسور کن وسعت

کے طریقہ کار پر نظر ڈالیں گے۔

مغل حکمراں اور ان کی سلطنت

"مغل" نام لفظ منگلو سے ماخوذ ہے۔ آج یہ اصطلاح ایک سلطنت کی شان و شوکت کو ظاہر کرتی ہے۔ تاہم اس خاندان شاہی کے حکمرانوں نے خود اپنے لئے یہ نام منتخب نہیں کیا تھا۔ وہ اپنے آپ کو تیموری کہتے تھے چونکہ وہ پدری طور پر ترک حکمراں تیمور کے خلف تھے۔ پہلا مغل حکمراں بابر ماں کی طرف سے چنگیز خاں سے رشتہ رکھتا تھا۔ وہ ترکی زبان بولتا تھا۔ اس نے ان کا (منگولوں کو) بطور تحقیر وحشی خانہ بدوش گروہ کے طور پر ذکر کیا ہے۔ ۱۶ویں صدی کے دوران یوروپی لوگوں نے اس خاندان کی ہندوستانی شاخ کے حکمرانوں کا ذکر کرنے کیلئے مغل کی اصطلاح استعمال کی۔ صدیوں سے اس لفظ کا مسلسل استعمال ہوتا رہا ہے۔ یہاں تک کہ رودیار کپلنگ کی کتاب "جنگل بک" کے نوجوان ہیرو "موگلی" کا نام بھی اسی سے اخذ کیا گیا ہے۔

مغلوں اور مقامی سرداروں کے درمیان سیاسی اتحاد اور فتوحات کے ذریعہ ہندوستان کی بہت سے علاقائی ریاستوں کو ملا کر مغل سلطنت کا تراشا گیا تھا۔ سلطنت کے بانی ظہیر الدین محمد بابر کو اس کے وسطی ایشیائی وطن فرغانہ سے مخالف ازبکوں نے نکال باہر کیا تھا۔ اس نے سب سے پہلے خود کی کابل میں حکومت قائم کی اور پھر ۱۵۲۶ء میں اپنے خانوادے و قوم کے ممبران کی ضروریات کو پورا کرنے کیلئے علاقوں اور وسائل کی تلاش میں برصغیر ہندوستان میں مزید آگے کی طرف بڑھا۔ اس کا جانشین نصیر الدین ہمایوں (۱۵۵۵-۱۵۳۰، ۵۶-۴۰) نے سلطنت کی سرحدوں کی توسیع کی لیکن افغان قائد شیر شاہ سوری کے ہاتھوں اس نے یہ سلطنت گنوادی جس نے اسے جلاوطنی پر مجبور کر دیا۔ ہمایوں نے ایران کے صفوی حکمراں کے دربار میں پناہ لی۔ ۱۵۵۵ میں ہمایوں نے

سور حکمرانوں کو شکست دی، مگر ایک سال بعد ہی اس کی موت ہو گئی۔ بہت سے لوگ جلال الدین اکبر (۱۵۵۶-۱۶۰۵) کو مغل بادشاہوں میں سب سے عظیم مانتے ہیں۔ کیونکہ اس نے نہ صرف سلطنت کی توسیع کی بلکہ اس نے اپنے زمانے کی مستحکم، وسیع ترین، طاقتوراور خوشحال سلطنت بھی بنائی۔ اکبر ہندوکش پہاڑوں تک اپنی سلطنت کو وسیع کرنے میں کامیاب رہا۔ اس نے توران (وسطی ایشیائ) کے ازبکوں اور ایران کے صفویوں کے توسیع پسند منصوبے پر روک لگائی۔

اکبر کے واضح طور پر تین قابل جانشین جہاں گیر (۱۶۰۵-۲۷)، شاہ جہاں (۱۶۲۸-۵۸) اور اورنگ زیب (۱۶۵۸-۱۷۰۷) تھے کے کافی مختلف کردار تھے۔ ان کے تحت علاقائی توسیع جاری رہی۔ تاہم اس کی رفتار کافی کم تھی۔ تینوں حکمرانوں نے حکمرانی کے مختلف آلات بنائے اور حکومت کو مستحکم رکھا۔ ۱۶ ویں اور ۱۷ ویں صدی کے دوران شاد ہی اداروں کے ڈھانچوں کی تعمیر ہوئی۔ اس میں نظم و نسق اور محصول کے موثر طریقے شامل تھے۔ مغل قوت کا مرئی مرکز دربار تھا۔ یہاں سیاست اتحاد اور شئے بنائے جاتے تھے۔ رتبے اور درجہ بندی معین کی جاتی تھی۔ مغلوں کے ذریعے ایجاد کیا گیا سیاسی نظام، فوجی طاقت اور برصغیر ہند میں جن مختلف روایات سے سابقہ پڑا تھا ان کو شعوری طور پر ہم آہنگ کرنے پر منحصر تھی۔ ۱۷۰۷ء کے بعد یعنی اورنگ زیب کی موت کے بعد اس شاہی خاندان کی طاقت کم ہو گئی۔ دہلی، آگرہ اور لاہور سے کنٹرول، ایک وسیع سلطنت کے لوازمات کی جگہ علاقائی طاقتوں نے زیادہ خود مختاری حاصل کر لی۔ تاہم اشارتی طور پر ہی سہی مغل حکمراں نے اپنی قدرو منزلت کی مہک نہیں کھوئی تھی۔ ۱۸۵۷ء میں اس شاہی خاندان کے آخری خلف بہادر شاہ ظفر دوم کو انگریزوں نے شکست دیدی۔

وقائع کی تخلیق:

مغل بادشاہوں کی ہدایت پر تیار وقائع سلطنت اور اس کے دربار کے مطالعہ کیلئے ایک اہم ماخذ ہیں۔ یہ وقائع سلطنت کے سائے میں آنے والے ان سبھی لوگوں کے سامنے سلطنت کی ایک روشن تصویر کو ترتیب سے آراستہ کر کے پیش کرنے کے منصوبے کے تحت لکھے گئے تھے۔ ساتھ ہی ساتھ اس کا ایک مقصد ان لوگوں کو جنہوں نے مغل حکمرانی کی مزاحمت و مخالفت کی تھی یہ ذہن نشین کرانا تھا کہ ساری مزاحمت و مخالف کا مقدر ناکام ہونا ہے۔ حکمراں یہ بھی یقینی کرنا چاہتے تھے کہ آنے والی نسلوں کیلئے ان کی حکمرانی کا تذکرہ دستیاب رہے۔ مغل وقائع کے مصنفین ہمیشہ درباری افراد ہی رہے ہیں۔ انہوں نے جو تاریخیں لکھیں ان کا محور حکمراں پر مرکوز واقعات، حکمراں کا خاندان، دربار اور امرا، جنگیں اور نظم و نسق کے انتظامات تھے۔ اکبر، شاہ جہاں وار عالم گیر (مغل حکمراں اورنگ زیب کا خطاب) کی تاریخوں پر تحریر ان وقائع کے عنوانات "اکبر نامہ، شاہ جہاں نامہ، عالم گیر نامہ" یہ ظاہر کرتے ہیں کہ ان کے مصنفین کی نظروں میں دربار کی تاریخ بادشاہ کی تاریخ کے مترادف تھی۔

مغل سلطنت کے حرم:

"حرم" کی اصطلاح کا استعمال اکثر مغلوں کی گھریلو دنیا کیلئے کیا جاتا ہے۔ یہ اصطلاح فارسی لفظ "حرام" سے نکلی ہے جس کے معنی ہیں "مقدس مقام"۔ مغل گھرانہ، بادشاہ کی بیگمات اور خواص، ان کے قریبی اور دور کے رشتے دار (ماں، سوتیلی ماں اور رضاعی ماں، بہنیں، لڑکیاں، بہویں، خالہ، چچی، بچے وغیرہ) خادماؤں اور کنیزوں (غلام) پر مشتمل ہوتا تھا۔ کثرت ازواج کا رواج برصغیر ہند میں خاص طور پر حکمراں جماعتوں میں وسیع طور پر رائج تھا۔ راجپوت قوم اور ساتھ ہی ساتھ مغل دونوں کیلئے شادی مضبوط سیاسی رشتے اور

قومی اتحاد بنانے کا ایک طریقہ تھا۔ شادی میں لڑکی کو تحفے دیئے جانے کے ساتھ اکثر ایک عملداری بھی بطور تحفہ دی جاتی تھی۔ اس سے حکمراں جماعتوں کے درمیان درجہ بند رشتوں کا ایک تسلسل یقینی ہو جاتا تھا۔ یہ شادی کے رابطے اور اس کے نتیجے میں ارتقاء پذیر رشتوں کے سبب مغل قرابت داری و رشتہ داری کا ایک وسیع نیٹ ورک قائم کرنے کے قابل ہو سکے۔ جس سے اہم جماعتوں سے رابطے قائم کرنے اور ایک وسیع سلطنت کو باجہم گرفت میں لینے میں مدد ملی۔ مغل گھرانے میں شاہی اور طبقہ اشراف کے خاندان سے آنے والی خواتین (بیگمات) اور دیگر خواتین (آغا) جو پیدائشی اشراف نہیں تھیں کے درمیان ایک امتیاز رکھا جاتا تھا۔ جہیز (مہر) کی شکل میں ایک بڑی نقد رقم اور قیمتی اشیاء لینے کے بعد شادی کر کے آئی بیگمات کو اپنے شوہروں سے فطری طور پر "آغاؤں" کے مقابلے میں اعلیٰ رتبہ اور زیادہ توجہ ملتی تھی۔

خانوادہ شاہی سے لائینفک طور پر وابستہ خواتین کو درجہ بندی میں خواص "آغاچہ یا آغا سے کمتر" کو نچلہ درجہ حاصل تھا۔ ان سب کو ماہانہ وظیفہ ملتا تھا۔ اضافی طور پر ان کی حیثیت کے مطابق تحائف ملتے تھے۔ نسلی بنیاد پر مبنی خاندان کی ساخت پوری طرح مستحکم نہ تھی۔ آغاچہ کا درجہ اونچا ہو سکتا تھا لیکن یہ اس بات پر منحصر تھا کہ اگر شوہر کی خواہش اور اس کے پاس پہلے سے چار بیویاں نہ ہوں تو آغا اور آغاچہ بھی بیگم کا اونچا درجہ حاصل کر سکتی تھیں۔ محبت اور مادریت ایسی خواتین کے درجہ و حیثیت کو قانونی شادی شدہ بیویوں کے درجے تک اٹھانے میں اہم کردار ادا کرتی تھیں۔ بیوی کے علاوہ مغل گھرانے میں بہت سی خواتین و مرد غلام رہتے تھے۔ وہ دنیاوی کاموں سے لے کر مہارت، صلاحیت وہوشیاری اور ذہانت سے مختلف قسم کے کاموں کو انجام دیتے تھے۔

غلام "خواجہ سرا" گھرانے کے اندرونی اور بیرونی زندگی میں محافظ، خادم اور کاروبار

میں دلچسپی لینے والی خواتین کے ایجنٹ کی طرح کام کرتے تھے۔ مغل رانیوں اور شہزادیوں نے نور جہاں کے بعد اہم مالیاتی وسائل پر کنٹرول رکھنا شروع کر دیا تھا۔ شاہجہاں کی بیٹیوں، جہاں آراء اور روشن آراء اکثر اعلیٰ شاہی مصعبداریوں کے برابر سالانہ آمدنی سے لطف اندوز ہوتی تھیں۔ مزید براں جہاں آراء کو سورت کی بندرگاہ، جو غیر ملکی تجارت کا نفع بخش مرکز تھی سے محصول حاصل ہوتا تھا۔ وسائل پر کنٹرول نے مغل گھراین کی اہم خواتین کو عمارات اور باغات کی تعمیر کے اختیار کے قابل بنایا۔ جہاں آراء نے شاہجہاں آباد (دہلی) کے کئی تعمیری منصوبوں میں حصہ لیا تھا۔ ان منصوبوں میں مع صحن اور باغ کے دو منزلہ مرعوب کن کارواں (سرائے) بھی تھی۔

شاہجہاں کے قلب کی دھڑکن چاندنی چوک کے بازار کا نقشہ جہاں آراء کے ذریعہ بنایا گیا تھا۔ گلبدن بیگم کے ذریعہ تحریر "ہمایوں نامہ" ایک دلچسپ کتاب ہے جو ہمیں مغلوں کی گھریلو دنیا کی ایک جھلک مہیا کراتی ہے۔ گلبدن بیگم بابر کی بیٹی، ہمایوں کی بہن اور اکبر کی پھوپھی تھی۔ گلبدن بیگم روانی سے ترکی اور فارسی میں لکھ سکتی تھیں۔ جب اکبر نے ابوالفضل کو اپنے عہد کی تاریخ لکھنے کی ہدایت دی تھی تو اس نے اپنی پھوپھی سے بابر اور ہمایوں کے وقت کی اپنی آپ بیتی لکھنے کی درخواست کی تاکہ ابوالفضل اس سے اپنی تاریخ کیلئے مواد اخذ کر سکے۔ گلبدن نے جو تحریر کیا وہ مغل بادشاہوں کی مدح سرائی نہ تھی بلکہ اس نے شہزادوں اور بادشاہوں کے درمیان ہونے والی آویزش اور تناؤ کے ساتھ ہی ان میں سے کچھ آویزشوں کو حل کرنے میں خاندان کی عمر رسیدہ خواتین کے اہم کردار سے متعلق بھی بڑی تفصیل سے تحریر کیا تھا۔

***

ہندوستانی محکمہ ڈاک کے ۱۷۰ سال

ہندوستانی محکمہ ڈاک نے یکم اکتوبر ۲۰۲۴ء کو اپنی خدمات کے ۱۷۰ سال مکمل کر لیے۔ آج بھلے ہی انٹرنیٹ موبائل اور سوشل میڈیا کا زمانہ ہے مگر اتنے طویل عرصہ کے بعد بھی ڈاکخانہ کی اہمیت برقرار ہے۔ الہ آباد ایریا کے ڈائرکٹر برائے ڈاک خدمات نے بتایا کہ یکم اکتوبر ۱۸۵۴ کو محکمہ ڈاک کے قیام کی تاریخ تہذیب و تمدن، ثقافت اور معیشت سے جڑی ہوئی ہے۔ سکھ دکھ کے ہر لمحہ میں لوگوں کو خبر پہنچانے والا محکمہ ڈاک مشرق سے مغرب اور شمال سے جنوب تک پورے ہندوستان کے مواصلاتی نظام کو ایک ڈوری میں باندھتا ہے۔ محکمہ ڈاک نے صدیوں کی کروٹیں دیکھی ہیں اور نہ جانے اس کی آغوش میں تاریخ کے کتنے پہلو چھپے ہوئے ہیں۔

ڈائرکٹر نے بتایا کہ فوجی نقطہ نظر سے اہم ہونے کی وجہ سے برطانوی عہد میں انگریزوں نے الہ آباد میں ڈاک خدمات کے قیام پر زور دیا۔ الہ آباد سے ہی پہلی مرتبہ ہوائی، ریل اور دیگر ڈاک خدمات کا آغاز ہوا۔ فضائی ڈاک خدمات دنیا میں پہلی مرتبہ ۱۸ فروری ۱۹۱۱ کو الہ آباد میں ہی شروع ہوئی۔ قریب ساڑھے چھ ہزار خطوط کا تھیلا لے کر یہ طیارہ الہ آباد کے پولو گراؤنڈ سے قریب ۱۳ کلو میٹر کے فاصلہ پر واقع نینی ریلوے اسٹیشن کے پاس میدان میں اترا تھا۔ ۱۳ منٹ کے اس فضائی سفر نے تاریخ رقم کی تھی۔ اس کے لئے دنیا کے مختلف حصوں کے نے خطوط لکھے تھے جن میں سے ایک خط جواہر لعل نہرو کے نام ان کے والد موتی لعل نہرو کا بھی تھا۔ کئی برطانوی افسران نے

جارج پنچم کو بھی مراسلے بھیجے تھے۔ اس ایک دن کے لئے علاحدہ سے ڈاک کی مہر بھی بنوائی گئی تھی۔ ریلوے کی ڈاک خدمات کا آغاز بھی الہ آباد سے ہی ہوا تھا۔ ریل خدمات شروع ہونے کے بعد الہ آباد اور کانپور کے درمیان کل ہند سطح پر پہلی مرتبہ ریلوے میں سارٹنگ سیکشن کا قیام یکم مئی ۱۸۶۴ کو کیا گیا جو کہ آگے چل کر مستقبل میں ریلوے ڈاک خدمات میں تبدیل ہوگیا۔ ہندوستانی ڈاک پر ایک تحقیقی کتاب بعنوان "انڈیا پوسٹ ۱۵۰ شاندار سال" ، تصنیف کرنے والے کرشن کمار یادو بتاتے ہیں کہ ۶ مئی ۱۸۴۰ کو برطانیہ میں دنیا کا پہلا ڈاک ٹکٹ جاری ہونے کے اگلے سال ۱۸۴۱ میں الہ آباد اور کانپور کے درمیان گھوڑا گاڑی کے توسط سے ڈاک پہنچانے کا آغاز ہوا۔

اس کا سہرا الہ آباد کے ایک دولت مند تاجر لالہ ٹھنڈی مل کے سر جاتا ہے جن کا کاروبار کانپور تک پھیلا ہوا تھا۔ اس پر انگریزوں نے بھی اپنا بھروسہ قائم رکھا۔ سال ۱۸۵۰ میں لالہ ٹھنڈی مل نے کچھ انگریزوں کے ساتھ مل کر انگلینڈ ٹرانزٹ کمپنی قائم کی اور ۱۸۵۴ میں ڈاک خدمات کے ایک محکمہ میں یکجا ہونے پر انگلینڈ ٹرانزٹ کمپنی کا انضمام بھی اس میں کرایا گیا۔

***

ہندوستان کی قدیم اسلامی درس گاہیں - مدارسِ دکن

ہندوستان کے جس گوشہ میں مسلمانوں کا قدم پہنچا اور اسلامی حکومتیں سایہ گستر ہوئیں، تاریخ شاہد ہے کہ اس کا ذرہ ذرہ علمی ترقیوں کے آب و تاب سے چمک اٹھا، اب تک میں نے شمالی ہند کے مدارس و مکاتب کے حالات لکھے، جس سے ہر شخص پر واضح ہو گیا ہوگا کہ مسلمانوں نے اپنے عہدِ حکومت میں ہندوستان کی تعلیمی ترقی کے لیے کیسی زبردست کوششیں کی ہیں۔ اب میں جنوبی ہند کی طرف متوجہ ہوتا ہوں اور وہاں کی تعلیمی ترقیوں کے متعلق جو کچھ بھی تاریخی معلومات فراہم ہو سکے، ان کو پیش کرتا ہوں۔

بیدر

یہ مدرسہ نہ صرف دکن کی عمارات و آثار قدیمہ بلکہ ہندوستان کی علمی تاریخ میں ہمیشہ عظمت کے ساتھ یاد کیا گیا ہے۔ اس مدرسہ کا بانی محمد شاہ بہمنی کا مشہور علم پرور وزیر خواجہ جہاں محمود گاواں ہے۔ مدرسہ کی عمارت اب تک قائم ہے اور سیاحانِ عالم کے لیے مایۂ عبرت ہے، گو اس کے بعض حصے منہدم و شکستہ ہیں لیکن اس کی شان و شوکت و سعت و استحکام کی پوری ہیئت آج بھی دیکھنے والے کو بہ یک نظر معلوم ہو جاتی ہے۔ یہ مدرسہ فراز کوہ قائم کیا گیا تھا۔ عمارت کا طول شرقاً و غرباً (۷۵) اور عرض شمالاً و جنوباً (۵۵) گز ہے۔ مدرسہ کے سامنے دو بلند مینار تھے۔ جس میں سے ایک مینار ابھی تک موجود ہے۔ اس کی بلندی ۱۰۰ فیٹ کی ہے۔ صحن مدرسہ میں مسجد تھی اور ہر چہار طرف مسلسل و سیع

حجرے طلبہ و علما کی اقامت کے لیے بنے ہوئے تھے۔ جو طلبہ مدرسے میں رہتے تھے، ان کے مصارف قیام و طعام وقت سے دیے جاتے تھے۔ مدرسہ کے لیے دور سے نلوں کے ذریعے آب رسانی کا سامان کیا گیا تھا۔ الغرض تمام ہندوستان میں اس سے زیادہ عظیم الشان اور وسیع سلسلۂ عمارت درس گاہ کے لیے کبھی اور کسی دور میں نہیں بنا۔

محمود گاواں کے علمی ذوق کا اندازہ اس سے ہو سکتا ہے کہ اس کی وفات کے بعد اس کے مکان سے بہ روایت 'حدیقۃ الاقالیم' مصنفہ میر تقی حسن پینتیس (۳۵) ہزار کتابیں مختلف علوم و فنون کی نکلیں۔ مدرسہ بیدر کی تاریخِ بنا، اس عہد کے ایک شاعر سامعی نے آیت 'ربنا تقبل منا' سے نکالی اور اس کو اس طرح ایک رباعی میں جگہ دی ہے:

اس مدرسۂ رفیع محمود بنا

چوں کعبہ شدہ است قبلۂ اہل صفا

آثار قبول بیں کہ شد تاریخش

از آیت ربنا تقبل منا

گلبرگہ

احمد شاہ بہمنی نے اپنے پیر سید محمود گیسو دراز کے لیے گلبرگہ کے مضافات میں کسی مقام پر ایک مدرسہ قائم کیا، صحیح طور پر مقام کی تعین نہیں ملی۔ نریندر ناتھ لا نے اپنی کتاب میں اس مدرسہ کا ذکر کیا ہے اور سن بنا ۱۴۲۲ لکھا ہے۔ چونکہ احمد شاہ بہمنی پیر مذکور رحمۃ اللہ علیہ کا مرید تھا اس لیے روایت کا صحیح و درست ہونا ممکن ہے، مگر یہ ضرور ہے کہ یہ مدرسہ خانقاہی مدرسوں کے انداز پر ہو گا۔

گولکنڈہ

مصنف "آثار خیر" بہ حوالہ 'تاریخ ہند' شمس العلما مولوی ذکا اللہ لکھتا ہے کہ

ابراہیم قطب شاہ والئ گولکنڈہ نے اپنے دارالخلافہ میں کئی مدارس قائم کیے۔

چارمینار (حیدرآباد)

محمد قلی قطب شاہ گولکنڈہ نے خاص حیدرآباد میں متعدد مدرسے قائم کیے۔ تاریخ عزیز دکن سے معلوم ہوتا ہے کہ چارمینار کا سالِ بنا۹۹۸ ھجری ہے۔ اس میں ایک بہت بڑا مدرسہ تھا۔ تھیوی ناٹ سیاح نے اپنے سفر نامہ میں اس کے حالات لکھے ہیں اور اس کی بڑی تعریف کی ہے۔

قطب شاہ علوم و فنون کا مربی اور اشاعت تعلیم کا بہت بڑا حامی تھا۔ تاریخوں سے معلوم ہوتا ہے کہ اس نے اپنے حدود مملکت میں بہ کثرت مدارس قائم کیے۔ ایک یورپین مصنف شائرل اپنی کتاب میں لکھتا ہے کہ:

"اس نے جنوبی ہند میں ابتدائی مدارس بہ کثرت قائم کیے، لڑکے ان مدارس میں بنچوں پر بیٹھتے ہیں اور نرکل سے چینی کاغذ پر لکھتے ہیں جو بہت چکنے مگر صفائی میں یورپین کاغذ سے کم رتبہ ہوتے ہیں۔"

ماخوذ از:

ہندوستان کی قدیم اسلامی درس گاہیں (مصنف: مولانا ابوالحسنات ندوی)

***

امیر خسرو اور ہندوستانی موسیقی

ایم۔اے۔ شیخ

اسلامی دور سے قبل کی ہندی موسیقی کے متعلق کچھ زیادہ معلومات حاصل نہیں ہو سکیں کیونکہ وہ تمام کی تمام سنسکرت کی کتابوں میں درج ہیں جن کا سمجھنا آسان نہیں۔ صرف اتنا کہا جاسکتا ہے کہ سام وید کے بھجن، مناجاتیں اور ترانے زیادہ تر رائج تھے اور اب بھی مندروں میں ان کا رواج عام ہے۔

ابوریحان البیرونی نے اپنی عمر کا بڑا حصہ ہندوستان میں صرف کیا۔ تذکرہ نویسوں کا بیان ہے کہ اس نے سرزمین ہند میں چالیس سال تک سیاحت کی اور ہندوستان کی ہر چیز کا بچشم خود نہایت غور سے مشاہدہ کیا۔ سنسکرت زبان سیکھی اور ہندوؤں کے علوم و فنون، عقائد ورسوم اور معاشرت و اخلاق پر "کتاب الہند" کے نام سے ایک بے نظیر کتاب لکھی مگر اس وقت کے مروجہ علم موسیقی کا گوشہ چھوٹ گیا۔

پوری دو صدیاں گزر جانے کے بعد جب ہندو مسلمانوں کی اجنبیت کی خلیج پر ہو گئی اور دونوں ایک دوسرے کو سمجھنے لگے تو ایک زبان نے دوسرے کی زبان تک رسائی حاصل کی۔ ایک کی زبان کے الفاظ دوسرے کی زبان پر آنے لگے۔ گویا اردو کی تخلیق کی بنیاد پڑی۔ یہی وہ زمانہ ہے کہ جب ہندوستان میں امیر خسروؒ پیدا ہوئے۔

امیر خسروؒ کی ولادت ۱۲۵۳ھ میں ضلع ایٹہ کے موضع پٹیالی میں ہوئی۔ ان کے والد

سیف الدین، 'شمس' کے لقب سے مشہور تھے۔ شمس الدین التمش کے مقربان بارگاہ میں سے تھے۔ انہوں نے لاڈلے بیٹے کو خوب چاؤ چونچلوں سے پالا اور جب وہ اللہ کو پیارے ہوگئے تو امیر کے نانا عماد الملک نے انہیں اپنی سرپرستی میں لے لیا۔ یہ عماد الملک غیاث الدین بلبن کے امراء کبار میں تھے اور بڑھاپے میں بھی جوانی کی آب و تاب دکھاتے تھے۔ انہیں ہندوستان کی کلاسیکی موسیقی سے شغف تھا۔ کھاتے پیتے آدمی تھے۔ پھر اس پر زندہ دلی اور شگفتہ جبینی گویا سونے پر سہاگہ تھی۔ ان کے ہاں اکثر نشاط کی محفلیں برپا ہوتی تھیں۔ گائک، ساز نواز اور مطربان خوش نوا دور دور سے ان کا شہرہ سن کر آتے تھے۔ یہیں امیر خسروؒ نے کلاسیکی سنگیت کے پیچ و خم اور تال سر کے نشیب و فراز سے آشنائی پیدا کی۔ اتفاق کی بات ہے کہ بلبن سے لے کر جلال الدین خلجی تک جتنے بادشاہ دہلی کی مسند جلال پر جلوہ افروز ہوئے ہیں کم و بیش سب کو موسیقی سے شغف رہا ہے اور ان سب سے امیر خسروؒ کے روابط مخلصانہ اور دوستانہ رہے ہیں۔

مسلمانوں کے عہد حکومت میں فن موسیقی نے بڑی ترقی کی اور بادشاہوں نے بھی ماہرین فن اور اہل کمال کی قدردانی میں کوئی دقیقہ اٹھا نہیں رکھا۔ ہمیشہ علوم و فنون کی سرپرستی کرتے رہے۔ چنانچہ وہ اہل موسیقی جنہوں نے اپنی مترنم آواز یا آلات سرود و ساز کی بدولت شہرت پائی، جن کے نام تذکرہ نویس نسلاً بعد نسلاً لکھتے آئے ہیں ایسے استادان مسلم الثبوت میں سرفہرست امیر خسروؒ کا نام آتا ہے۔

امیر خسروؒ عالم و فاضل اور شاعر تھے ہی مگر وہ ایک باکمال ماہر موسیقی بھی تھے۔ ایسے باکمال انسان کی نظیر دنیا میں مشکل سے ملتی ہے۔ سینکڑوں سال کے بعد کہیں ایک دو ایسی ہستیاں پیدا ہوتی ہیں۔ اگر صرف شاعری ہی کو لیا جائے تو ان کی جامعیت پر تعجب ہوتا ہے۔ انہیں صرف فارسی زبان پر ہی عبور نہ تھا بلکہ عربی میں بھی شعر کہا کرتے تھے

اور برج بھاشا میں بھی۔ سنسکرت کے تو وہ بڑے ماہر تھے۔

امیر خسروؒ نے یہاں کی موسیقی کو سیکھا اور حد کمال کو پہنچایا۔ انہوں نے ایرانی موسیقی میں بھی ایسا ہی کمال حاصل کیا تھا اور دونوں کی آمیزش و ترکیب سے ایک تیسری چیز نکالی جس سے موسیقی کے فن میں ایک تازہ روح پیدا ہو گئی اور جو زیادہ لطف انگیز ہو گئی ہے۔

یوں تو امیر خسروؒ کو موسیقی سے دلچسپی تھی ہی لیکن جس چیز نے اس شراب کو دو آتشہ کر دیا وہ امیر کا حلقہ تصوف میں داخل ہونا ہے۔ تفصیل اس اجمال کی یہ ہے کہ ۶۷۱ھ میں امیر باقاعدہ حضرت نظام الدین اولیاءؒ کے مرید ہو گئے اور پھر مرید کا پیر کے ساتھ رشتہ عقیدت ایسا استوار ہوا کہ ضرب المثل ہو گیا۔ غالباً مرید نے اپنے پیر کی محبت ہی سے متاثر ہو کر گانے کی وہ وضع ایجاد کی جسے "قوالی" کہتے ہیں۔

قوالی کا مادہ قول ہے اور قول کی داستان دراز ہے۔ حقیقت میں قول رباعی کا ایک نام ہے۔ معلوم ہوتا ہے کہ رباعی پہلے گانے کے لئے مخصوص تھی۔ جو لوگ رباعی گا کر سناتے تھے وہ قوال کہلاتے تھے۔ اس کی شان نزول کے متعلق روایتوں کا بیان ہے کہ ایک بار حضرت نظام الدین اولیاءؒ بیمار ہوئے اور بیماری نے طول پکڑا، تو امیر نے ان کا دل بہلانے کے لئے حمد اور نعت اور منقبت کے اشعار قوالی کے اسلوب میں انہیں گا کر سنائے۔ یوں سنگیت میں غنا کی ایک نئی وضع کا اضافہ ہوا۔ یہ روایت افسانہ ہو یا حقیقت لیکن یہ تو بہر حال مسلم ہے کہ قوالی کا اسلوب بے حد مقبول ہوا۔ ظاہر ہے کہ اصلاً قوالی حمد و نعت اور منقبت سے مخصوص ہو گی۔ لیکن اب ہر قسم کی غزل قوالی کی دھنوں میں گائی جاتی ہے اور خوب بہار دکھاتی ہے۔

قوالی کی سج دھج، اس کا مکھڑا، اس کا روپ سروپ واقعی عجیب چیز ہے۔ قوال ہر

راگ اور راگنی کا لہرا دے کر قوالی گاتے ہیں لیکن قوالی کا جو خاص اسلوب ہے وہ قائم رہتا ہے۔ اس اسلوب میں مختلف ٹکڑوں کی تکرار، مخصوص تال، بولوں کی چلت پھرت اور تالی کا کھٹکا جو لطف پیدا کرتا ہے وہ سب پر روشن ہے۔ تذکرے اس قسم کے واقعات سے لبریز ہیں کہ ارباب حال و قال نے بعض اوقات قوالی کی محفلوں میں کوئی مصرع سن کر ایسا اثر قبول کیا ہے کہ وجد کی حالت میں ہی ان کا وصال ہو گیا ہے۔

"راگ درپن" میں امیر خسروؒ کے ایجاد کردہ راگوں کی ایک فہرست ہے جسے مولانا شبلی نے امیر خسروؒ کے ذکر میں نقل کیا ہے۔ اسے ذیل میں درج کیا جاتا ہے۔

مجیر = غار اور ایک فارسی راگ سے مرکب ہے

سازگیری = پوربی، گورا، گن کلی اور ایک فارسی راگ

ایمن = ہنڈول اور نیریز

عشاق = سارنگ، بسنت اور نوا

موافق = نوزی و مالسری و حسینی

غنم (غازاں) = پوربی میں ذرا تغیر کر دیا ہے۔

زیلف = کھٹ راگ میں شہناز کو ملایا ہے

فرغنہ (فرغانہ) = کن کلی اور گورا میں فرغانہ کو ملایا ہے

سراپردو (سرپردہ) = سارنگ، بلاول اور راست کو ترکیب کیا ہے

باغزو یا باخرو = دیس کار میں ایک فارسی راگ ملا دیا ہے

فردوست یا پردوست = کانہڑا، گوری، پوربی اور ایک فارسی راگ سے مرکب ہے

صنم یا غنم = کلیان میں ایک فارسی راگ شامل کیا ہے

امیر خسروؒ نے پرانے طریقوں میں جو تراش خراش کی اور پرانی روایتوں کو توڑ کر جو

نیا راستہ اختیار کیا ہے، یہ نہ سمجھنا چاہئے کہ اسے عام طور پر سراہا گیا۔ قدیمی طرز کی موسیقی کے دلدادگان نے ہمیشہ ان اختراعات کو نظر انداز ہی کیے رکھا۔ یہی وجہ معلوم ہوتی ہے کہ مذکورہ راگوں میں سے جو امیر خسروؒ نے ہندی ایرانی راگوں کے ملاپ سے نئے راگ پیدا کیے، ان میں سے صرف چند ایک ہی باقی رہ گئے ہیں۔ باقی کے ناموں سے بھی کوئی واقف نہیں۔ چنانچہ نواب واجد علی شاہ اپنی تصنیف "صوت المبارک" میں خسرو کو بجائے دھرپد کے، "نائک خیال" مانتے تھے۔ ان کا خیال تھا کہ امیر خسروؒ چھند، پند، قول، قلبانہ، نقش اور گل کے موجد ہیں۔

امیر کی موسیقی دانی ہی کے سلسلے میں سید ناصر نذیر فراق دہلوی نے دعوی کیا ہے کہ پکھاوج بھی ان ہی کی ایجاد ہے لیکن اس دعوے کی سند دستیاب نہیں ہو سکی۔

سنگیت کی اکثر کتابوں میں لکھا ہے کہ ستار بھی امیر خسروؒ کی ایجاد تھی۔ لیکن اس کی سند دستیاب نہیں ہو سکی۔ غالب خیال یہی ہے کہ ستار امیر خسروؒ کی ایجاد نہیں ہے۔ اس خیال میں ڈاکٹر مرزا محمد وحید صاحب سے میرا پورا اتفاق ہے۔ بلکہ دسویں صدی عیسویں سے قبل بھی ستار کسی نہ کسی شکل میں ایشائے کوچک، ایران، آرمینیا، اور ترکستان میں موجود تھی اور ان ہی ملکوں سے یہ ہندوستان میں پہنچی ہے۔ ڈاکٹر صاحب موصوف نے اس کا نام زیتھر یا گٹار دیا ہے لیکن یہ خود 'ستھارا' کی بگڑی ہوئی شکلیں ہیں۔ "ستھارا" قدیم مصر کا ایک ساز تھا جو ستار کے بالکل ہم شکل ہے۔

ستار کے ہم شکل جتنے ساز مشرق اور مغرب میں استعمال ہوتے تھے ان میں مصرف چار تار ہوا کرتے تھے۔ ممکن ہے کہ امیر خسروؒ نے تین تار اور بڑھا دیے ہوں اور ان ساز کا نام "ستار" مشہور ہو گیا ہو۔ لہذا ستار کے متعلق اسی پر اکتفا کرتا ہوں کہ انہوں نے اپنی تصنیف میں اس کی ایجاد کا کہیں اشارہ بھی نہیں کیا ہے۔ زیادہ سے زیادہ یہی کہا جا سکتا ہے

کہ وینا میں تاروں کے اضافے سے وہ سر اور راگ جو پہلے ادا نہ ہو سکتے تھے، اس نئی ایجاد نے ان کو گرفت میں کر لیا۔ پس ستار کی ایجاد ان کی طرف منسوب ہو گئی اور حقیقتاً یہ بھی ایک بڑا کمال ہے اور اس بات کا ثبوت ہے کہ انہوں نے ہندوستانی موسیقی کی ایک بڑی کمی کو پورا کر دیا۔

مختصر یہ کہ کلاسیکی موسیقی کے رمز شناسوں میں امیر خسروؒ کا مقام اتنا بلند ہے کہ چار وناچار پنڈتوں نے انہیں نائک گردانا اور گرنتھیوں نے انہیں جگت استاد جانا۔

امیر کو اپنے پیر حضرت نظام الدین اولیاءؒ سے بہت محبت تھی۔ امیر کی موت سے بھی اس محبت کا سراغ ملتا ہے۔ جب حضرت نظام الدین اولیاءؒ کا وصال ہوا تو امیر اودھ میں تھے۔ یہ خبر ملی تو بے تابانہ دہلی پہنچے۔ مرقد پر گئے۔ جالی کو دیکھا اور بے حال ہو کر یہ دوہا پڑھا:

گوری سوئے سیج پر مکھ پہ ڈالے کیس
چل خسرو گھر آپنے رین بھئی سب دیس

یہ دوہا پڑھ کر امیر گھر لوٹے۔ بیمار پڑے اور ایک مہینہ بھی گزرنے نہ پایا تھا کہ ۷۲۵ھ (۱۳۲۴ء) میں اپنے مرشد سے جا ملے اور انہیں کی پائینتی دفن ہوئے۔

برصغیر کی موسیقی کی ترقی وترویج میں مسلمانوں کا کردار (مضمون نگار: ایم۔اے۔ شیخ)
ماخوذ از کتاب: "کیا صورتیں ہوں گی"، تالیف: پروفیسر شہباز علی

***

تان سین اور ہندوستانی موسیقی

ایم۔اے۔شیخ

تان سین ہندی لفظ ہے جو "تان" اور "سین" سے مل کر بنا ہے۔ "تان" کے معنی ہیں "الاپ" اور سین کئی مختلف معنی میں مستعمل ہے جن میں سے "جسم"، "باز"، "فوج" اور زندگی کا یہاں اطلاق ہوتا ہے۔ پس بہ اعتبار سندھی ترکیب لفظی "تان سین" سے مراد وہ شخصیت ہوئی جو الاپ کا جسم، باز، اس کی فوج یا زندگی ہو۔ راجا مان سنگھ والئ گوالیار کے بیٹے بکرماجیت نے سنگیت سمراٹ کے کمال فن سے متاثر ہو کر اس کو یہ وسیع المعنی خطاب دیا تھا۔ جو ہر اعتبار سے اس کے شایانِ شان ہے۔ اب یہ اتفاق کی بات تھی کہ خطاب نام سے زیادہ رائج اور مقبول ہو گیا۔ یہاں تک کہ بجائے تخلص بھی کام میں لایا گیا۔

تان سین کا اصلی نام ترلوچن داس تھا۔ ذات کے یہ گوڑ برہمن تھے۔ ان کے والد مکرند پانڈے کے نام سے پہچانے جاتے تھے۔ یہ گوالیار کے رہنے والے تھے۔ موضع بھینٹ تان سین کی جائے ولادت ہے۔ جہاں ان کے والد کا سکونتی مکان تھا۔ یہ موضع گوالیار خاص سے بجانب مشرق تقریباً سات میل کے فاصلے پر واقع ہے۔ یہاں تان سین کے نام کی ایک چھوٹی سی اک دری مڑھی بنی ہوئی ہے جس کے اوپر گنبد ہے اور سامنے برآمدے میں ایک گھنٹی آویزاں ہے۔ راہ گیر اس کو بجا کر وہاں سے گزرنا اپنی سعادت سمجھتے ہیں۔ مقامی باشندوں کا کہنا ہے کہ تان سین اس مڑھی میں بیٹھ کر گایا کرتے تھے۔

مکرند پانڈے کے کوئی اولاد نہ تھی۔ وہ اولاد کے آرزو مند رہتے تھے۔ یوں بھی اولاد کا چاہنا انسانی زندگی کا ایک خاص جزو ہے۔ گھر کا چراغ اس کو کہا گیا ہے۔ ان امور کے تحت مکرند پانڈے اور اس کی بیوی کا اولاد کے لئے بے قرار رہنا کوئی تعجب کی بات نہ تھی۔ اپنی آرزو کے پورا کرنے کی تگ و دو میں رسم و رواج کے مطابق سب ہی کچھ انہوں نے کیا۔ پیر فقیر، سادھو سنت، دیوی دیوتا، کہاں کہاں کی بے چاروں نے خاک نہ چھانی۔ لیکن کہیں کوئی صورت مقصد براری کی پیدا نہ ہوئی۔ عمر کی کافی منزلیں طے کر چکے تھے۔ آخر مایوس ہو کر بیٹھ رہے۔

حضرت محمد غوث گوالیاری اس وقت تعویذ گنڈے اور عملیات میں لاثانی تھے۔ ان کے ایک بھائی حضرت شیخ احمد بھینٹ کے قریب موضع بلارے میں رہا کرتے تھے۔ یہ موضع اس وقت سر سبز اور موصوف کی جاگیر میں تھا۔ اب بھی ان کو اولاد کے بعض افراد یہاں رہتے ہیں اور تعلیم سے محروم کاشتکاری کرتے ہیں۔

حضرت محمد غوثؒ کبھی کبھی اپنے بھائی سے ملنے کے لئے بلارے جایا کرتے تھے۔ عوام میں اس وقت ان کی بڑی شہرت تھی۔ پہنچے ہوئے درویش کی حیثیت سے بلا امتیاز مذہب و ملت ہر شخص ان کا پرستار تھا۔ معمولی انسان سے لے کر بادشاہ وقت تک ان کے اوصاف کے مسلم تھے۔ تاریخیں بڑے شد و مد کے ساتھ اس کا ذکر کرتی ہیں۔ مکرند پانڈے کے علم میں یہ بات آچکی تھی۔ وہ اپنی آرزو لے کر ان کی خدمت میں حاضر ہونے کا موقع ڈھونڈ رہا تھا۔ چنانچہ حضرت محمد غوث جب بلارے پہنچے تو مکرند ان کی خدمت میں حاضر ہوا۔ "دامن چرتر" نامی ہندی کی ایک قلمی کتاب کے حوالے سے "سنگیت کلا بھون گوالیار" کے ماسک پتر "سنگیت کلا" نے اس نظارے کو حسب ذیل الفاظ میں قلم بند کیا ہے:

"آندھی زوروں سے چل رہی تھی۔ رم جھم پانی برس رہا تھا۔ ایک شخص جلدی جلدی چلا جارہا تھا۔ وہ چلتا ہی گیا۔ آخر کار وہ ایک سادھوؤں کی ٹولی کے پاس پہنچا۔ آنے والا ایکدم پیر صاحب کے پاؤں پر گر پڑا۔ پیر صاحب نے اس سے پوچھا کیا چاہتے ہو؟ آنے والے نے کہا، میں نے کئی دیوی، دیوتاؤں کی منتیں مانگیں پر میری مراد پوری نہیں ہوئی۔ میں بے اولاد ہوں۔ پیر صاحب کو اس پر ترس آگیا اور کہا جا تیرے گھر بیٹا ہوگا اور ایسا بیٹا ہوگا جس کا نام اس دنیا میں امر ہو جائے گا۔ پیر صاحب گوالیار کے مشہور پیر حضرت محمد غوث تھے اور آنے والا شخص مکرند پانڈے تھا۔ پیر صاحب کی دعا سے مکرند پانڈے کے گھر ایک سال بعد چاند سا بیٹا پیدا ہوا۔ بھینٹ گاؤں میں بڑی دھوم دھام ہوئی۔"

تان سین کی تاریخ ولادت کے بارے میں بڑا اختلاف ہے۔ اس اختلاف کا سبب جہاں تک ہم سمجھے ہیں یہ ہے کہ تان سین اکبر کے دربار میں حاضر ہونے کے بعد تاریخی حیثیت کے مالک بنے۔ اس سے پہلے ان کی حیثیت معمولی تھی اور گانے کا فن عام۔ نیز اس زمانے میں اس قسم کی چیزوں کی طرف دھیان دینے کا رواج بھی کم تھا۔ ان کی کوئی اہمیت ذہنوں میں نہیں تھی۔ صرف اندازے اور قیاس آرائیوں پر ایسی باتوں کا لکھ دینا ان کے نزدیک کافی تھا۔ اب ترقی یافتہ دور میں اس طرف خاص توجہ سے کام لیا گیا۔ باوثوق پہلے کی کوئی چیز سامنے تھی ہی نہیں۔ پس واقعات سے امداد لے کر اپنی نظر میں مناسب تاریخ متعین کرلی۔

سینہ بہ سینہ اقوال اور بزرگوں کے مخطوطات کی بناء پر تان سین کی ولادت کا سال ۹۳۱ھ مانا جاتا ہے۔ یہ سن عیسوی میں ۱۵۲۴ء اور بکرمی میں ۱۵۸۲ء کے مطابق ہوتا ہے۔ چونکہ تان سین کی پیدائش حضرت محمد غوثؒ کے واسطے سے ہوئی تھی۔ بالکل اسی طرح

جس طرح جہانگیر کی ولادت حضرت شیخ سلیم چشتیؒ کے واسطے سے ظہور میں آئی۔ پس حضرت محمد غوثؒ کے دیگر واقعات و متعلقات کی طرح تان سین کے سن ولادت کو بھی ان کے پیروکاروں نے زبانی و قلمی طریق پر رکھنے کی کوشش کی۔ نیز یوں بھی یہ واقعہ حضرت کی کشف و کرامات کے سلسلے کا ایک اہم واقعہ تھا۔

الغرض تان سین کی پیدائش سے مکرند اور ان کے خاندان والوں کے سامنے مادی طور پر وہ باتیں آگئیں جن کو ابھی تک وہ صرف لوگوں سے سنا کرتے تھے۔ ریت رسموں سے فارغ ہو کر جوش عقیدت کے ساتھ نومولود بچے کو آپ کے پاس لے کر دوڑے اور یہ کہہ کر کہ ہم تو مایوس ہو چکے تھے۔ یہ بچہ آپ ہی نے ہم کو دیا ہے۔ آپ کا ہم پر بڑا احسان ہے کہ آپ نے ہمیں برادری میں سرخرو ہونے کے قابل بنا دیا۔ ہم اس کا عوض آپ کو کیا دے سکتے ہیں۔ یہی بچہ آپ کی نذر کرتے ہیں، آپ اس کو اپنا سمجھ کر پالیں پوسیں اور پڑھائیں لکھائیں۔ آپ کی خدمت کر کے سعادت مندی حاصل کرتے رہنا اس کا فرض ہو گا۔ چنانچہ حضرت محمد غوث پر مکرندی کی باتوں کا بڑا اثر ہوا۔ ان کی عقیدت مندی دیکھ کر آپ پگھل گئے اور وعدہ کر لیا کہ اس بچے کی تعلیم و پرورش کا انتظام ہم خود کریں گے۔ ہمارے یہاں ولادت سے چار سال چار مہینے چار دن چار گھڑی بعد بچے کی تعلیم شروع کی جاتی ہے۔ لہٰذا اس وقت تک تم اس کو بطور امانت اپنے پاس رکھو۔ والدین اس بات پر رضامند ہو گئے۔ اس دوران میں وہ اکثر تان سین کو ساتھ لے کر حضرت محمد غوث کی خدمت میں حاضر ہوتے، دعائیں لیتے اور چلے جاتے۔ آخر وہ دن بھی آگیا جب اس کی پوشیدہ قوتوں کو بروئے کار لانے کی بنیاد ڈالی جائے۔

۹۳۵ھ (۱۵۲۸ء) میں حضرت نے بڑے تزک و احتشام کے ساتھ جلسہ عام میں مکتب کی رسم ادا کی۔ بسم اللہ اور اقراء اس کو پڑھائی۔ نیز اپنا مرید کر کے تعلیم شروع

کرادی اور "ٹوڑی" پیار سے اس کا نام تجویز کیا۔

بعض ناواقف ارباب قلم نے لکھ دیا ہے کہ محمد غوث نے تان سین کو گانا سکھایا تھا۔ یہ محض غلط ہے۔ وہ ایک اعلیٰ درجے کے درویش تھے۔ سماع سے ان کو دلچسپی ضرور تھی۔ گانے کے نکات سے واقفیت بھی رکھتے تھے کہ یہ فن اس وقت علم اور ہنر سمجھا جاتا تھا۔ لیکن تان سین کو تعلیم دینے کا وقت ان کے پاس نہیں ہو سکتا تھا۔ پیر فقیر اپنا وقت یاد الٰہی میں صرف کرتے ہیں ان کو اتنا موقع نہیں ملتا کہ وہ کسی کو گانا سکھائیں۔ ان کی تو صرف دعائیں کام کرتی ہیں۔ چنانچہ یہی تان سین کے کام آئیں۔

زمانہ تعلیم میں وہ حضرت کے پاس رہا کرتے تھے۔ کبھی کبھی اپنے گھر والوں اور رشتے داروں سے ملنے جلنے کے پیش نظر بھینٹ بھی آجایا کرتے تھے۔ تفریحاً حضرت محمد غوثؒ کے باغ میں آنا جانا رہتا تھا۔ جو آپ کے محلوں سے قریب ہی غوث پورے میں واقع تھا۔ یہاں تان سین جنگلی جانوروں کی بولی نقل کرنے کا کھیل کھیلا کرتے تھے۔ کبھی کبھی موج میں آکر گاتے بھی تھے۔ آہستہ آہستہ خوش گلوئی اور جذب کی شہرت ہونے لگی۔ لیکن اصول موسیقی سے وہ ابھی تک نابلد تھے۔ پس حضرت نے ۱۵۳۲ء میں راجا جان کے قائم کیے ہوئے گان ودیالہ گوالیار میں داخل کرا دیا۔ تان سین چار پانچ سال میں اس مدرسے سے فارغ التحصیل ہو گئے۔

محمد غوث صاحب کی خدمت میں شب و روز حاضر رہنے سے درویش کی بو باس بھی اب تان سین میں اچھی طرح پیدا ہو گئی تھی۔ آپ کے خیالات رہن سہن اور انداز صوفیانہ ہو چکا تھا۔ اب آپ درویشوں کی خوبیوں سے پورے طور پر مزین نظر آنے لگے۔ ادھر تصوف کی تعلیم بھی کی جا چکی تھی۔ چنانچہ پیر صاحب نے ان کو اپنا خلیفہ بنا دیا۔ یہ واقعہ تقریباً ۱۵۳۸ء کا ہے۔

تان سین اب جہاں اول درجے کے نائک تھے وہاں درویش کامل ہونے کی سند بھی ان کو مل ئی اور عزت و احترام میں بھی اضافہ ہو گیا۔ لوگ جوق و در جوق ان کے پاس آتے اور کسب فیض کی درخواستیں پیش کرتے۔ عوام کو جہاں ان کے گانے سے دلچسپی تھی وہاں اب وہ عقیدت مندی کے پھول بھی ان کے قدموں پر برسانے لگے اور ہر وقت ایک بڑا مجمع ان کے پاس رہنے لگا۔

۱۵۴۰ء میں شیر شاہ سوری نے ہنگامہ اٹھایا۔ محمد غوث صاحب کا خاندان مغلیہ سے متعلق تھا۔ میاں دوکوہ و میاں دو آب کی ایک کروڑ ٹنکا کی جاگیر بھی اسی خاندان کا عطیہ تھی۔ شیر شاہ حضرت کو اپنا دشمن سمجھ کر طرح طرح اذیتیں پہچانے کی تدبیریں کیا کرتا تھا۔ چنانچہ شیر شاہ سوری کو بد دعا دینے کے مقابلے میں آپ نے گوالیات سے گجرات چلے جانے کو مناسب سمجھا اور ۱۵۴۲ء میں سفر گجرات اختیار کیا جہاں آپ کے معتقدین کی بھی اچھی تعداد تھی اور حکمران بھی وہاں دوسرا تھا۔ جس کو سلطان محمود گجراتی کے نام سے یاد کیا جاتا ہے۔

تان سین اس سفر میں اپنے پیر کے ہمراہ تھے۔؛ سلطان گجرات آپ کی تعریف اس سے قبل سن چکا تھا۔ وہاں پہنچنے پر بحصول اجازت حضرت محمد غوث صاحب تان سین کو اپنے دربار میں شریک ہونے اور گانے کی دعوت دی۔ پیر صاحب نے بخوشی اجازت دے دی۔

سلطان جہاں خود علم و فن کا دلداہ تھا وہاں اپنے یہاں باکمال لوگ بھی رکھا کرتا تھا۔ چنانچہ اس وقت ایک کنچنی (طوائف) گانے میں مہارت تامہ رکھنے والی اس کے دربار کی رونق تھی۔ تان سین کو پہلے ہی اس بات کا علم ہو چکا تھا کہ یہ کنچنی ملہار راگ کی بڑی گویا ہے اور گاتے گاتے جب یہ اپنی نتھ کنویں میں ڈال دیتی ہے تو کنویں کا پانی ابل آیا کرتا

ہے۔ چنانچہ تان سین جب حاضر دربار ہوئے تو انہوں نے یہی راگ گایا جس کے اثر سے طوفانی بارش شروع ہو گئی۔ یہ عالم دیکھ کر حاکم وقت بہت گھبرایا۔ مہمان سے براہ راست تعرض کرنے کو خلاف آداب میزبانی سمجھ کر فوراً پیر صاحب کی خدمت میں ہرکارہ بھیجا۔ آپ نے اپنے صاحب زادے عبداللہ شاہ کو بھیجا کہ وہ تان سین کو اس خطرناک عمل سے باز رکھیں صاحب زادہ صاحب آئے تو تان سین خود فراموشی کے عالم میں محو خروش تھے۔ آپ نے ان کے سر پر ہاتھ رکھا اور ان کا جوش و خروش سرد پڑ گیا۔ نیز پانی کا طوفان فرو ہو گیا۔ سلطان نے اس پر کثیر انعام و اکرام تان سین کو پیش کیا لیکن انہوں نے لینے سے انکار کر دیا۔ سلطان نے ملازمت دربار کی پیش کش کی لیکن تان سین اس سے بھی انکاری ہو گئے اور اپنے وطن گوالیار چلے آئے۔

اسی قسم کی کچھ اور حکایات تان سین کے فن کے متعلق زبان زد عام ہیں۔ مثلاً ایک یہ کہ اس زمانے میں کوئی گائک بیجو باورا تھا جو راگ کی دھن میں ہمیشہ مست رہتا اور جنونی ہو چکا تھا۔ گوالیار کے کسی جنگل میں تان سین تنہا گا رہا تھا کہ ادھر سے بیجو بھی آ نکلا۔ دونوں فن کاروں کی ٹکر ہونے لگی۔ بیجو نے اساوری راگنی کو الاپنا شروع کیا۔ اس راگنی کی تاثیر یہ بتائی جاتی ہے کہ اسے سن کر ہرن جمع ہو جاتے ہیں۔ چنانچہ جب ہرن راگنی سن کر ان کے پاس آ گئے تو بیجو نے اپنے گلے سے سونے کا ہار اتار کر ایک ہرن کے گلے میں ڈال دیا۔ گانا بند ہو جانے پر سب ہرن بھاگ گئے۔ بیجو نے تان سین کو چیلنج کیا کہ تمہیں جب استاد مانوں گا کہ میرا سنہری ہار ہرن سے واپس منگا دو۔ یہ سن کر تان سین غور و فکر میں غوطہ زن ہوا اور وہیں بیٹھے ایک نیا راگ اختراع کر کے الاپنا شروع کر دیا۔ یہ راگ میاں کی ٹوڑی کے نام سے مشہور ہے اور اب بھی گایا جاتا ہے۔ چنانچہ اس راگ کی تاثیر بھی وہی ثابت ہوئی جو آساوری کی تھی۔ ہرنوں کا وہی گروہ پھر نمودار ہوا اور ہار والے ہرن

کے گلے سے ہار اتار کر تان سین نے بیجو کے حوالے کر دیا۔ تب بیجو نے تان سین کے روبروزانوئے ادب تہ کیا اور اسے اپنا استاد گردانا۔

بیجو باورے کا مقابلہ تان سین کی عالمگیر شہرتوں کا نمایاں سنگ بنیاد بنا اور ملک میں اس سے آپ کا بڑا چرچا پھیلا۔ لیکن گردش افلاک کسی کو بھی چین سے نہیں بیٹھنے دیتی۔ تان سین بھی اس سے محفوظ نہ رہ سکے۔ ۱۵۴۵ء میں آپ دولت خاں جسے شیر شاہ سوری کا بیٹا کہا جاتا ہے کہ عشق میں گرفتار ہوئے جس نے ان کے دماغی توازن کو خراب کر دیا۔

لکھنے والوں نے تان سین کی دیوانگی کو اسی عشق پر محمول کیا ہے لیکن ہمارے خیال میں یہ اثرات گانے میں محویت بڑھ جانے کی وجہ سے بھی مرتب ہو سکتے ہیں نیز درویشی کی ایک منزل میں بھی انسان کو اسی راہ سے گزرنا پڑتا ہے۔ اصطلاح تصوف میں اس کا نام جذب ہے اور جس پر اسکا غلبہ ہوتا ہے اس کو مجذوب کہتے ہیں۔ بہر حال واقعہ کچھ بھی ہو لیکن لوگ ظاہر پر حکم لگاتے ہیں اکثر یہی خیال کیا گیا کہ تان سین عشق کی وجہ سے دیوانے ہو گئے۔

تان سین کی شاعرانہ صلاحیتوں کو قوت پہنچانے والا یہی زمانہ ہے اور یہیں سے لکھنے لکھانے کا میدان ہموار ہوتا ہے۔ جذباتی شاعری جہاں اس دور کی نمایاں یادگار ہے، وہاں اس نے راگ مالا وغیرہ قسم کی مفید تصانیف کے لئے بھی راہ نکال دی۔

دولت خاں کے مرنے کے بعد تان سین ریاست ریوں کے راجا رام چند کے پاس چلے گئے۔ اس نے تان سین کی اتنی قدرو منزلت کی کہ بیان سے باہر ہے۔ چنانچہ ایک دن ایک کروڑ روپے اسے عطا کئے۔ جب اس فن میں اس کی مہارت کا شہرہ اکبر کے دربار تک پہنچا تو اس نے راجا سے تان سین کو مانگ لیا۔ اس کی نادر نغمہ کاری نے بادشاہ کو بہت مسرور کیا اور دربار میں بڑی عزت و اعتبار سے رہنے لگا۔

تان سین کے تصرفات کے منجملہ یہ ہے کہ اس نے کانہڑے میں ملہار اور کلیان کو ملا کر اس کا نام درباری کانہڑا رکھا اور اکبر کے سامنے پیش کیا۔ آساوری اور گندھار کو ملا کر لفظ جوگیا بڑھایا اور ملہار میں کانہڑے کو داخل کر کے میاں کی ملہار نام رکھا اور میاں کی ٹوڑی اور میاں کی سارنگ جو مشہور ہیں یہ بھی اسی کے تصرفات میں داخل ہیں۔

دربار اکبری میں آنے کے بعد تادم مرگ دربار میں رہے۔ یہیں ان کا انتقال جمادی الآخر ۹۹۷ھ (۱۵۸۹ء) میں ہوا۔

مرتے وقت آپ نے دو وصیتیں کی تھیں۔ ان میں سے ایک یہ تھی کہ میری قبر پیر محمد غوثؒ کے قدموں میں ہونی چاہئے۔ لہذا بہ تکمیل وصیت ان کو وہیں دفن کیا گیا۔ چونکہ ابتداً ڈنکے کی چوٹ وہ اپنے پیر کے ماحول میں ضم ہو چکے تھے اس لئے دفن کے وقت کوئی ایسا سوال بھی نہیں اٹھا جیسا کہ سری کبیر اور گرونانک کے متعلق تاریخ نے بتایا ہے۔

محکمہ آثار قدیمہ ریاست گوالیار کی جانب سے آپ کے مزار پر ایک تختی ایک ستون پر انگریزی اور ہندی میں اور ایک پر اردو میں چھپی ہوئی مہر لگی ہوئی اٹکی رہتی تھی۔ اردو تختی کی نقل حسب ذیل ہے:

"تان سین کو گویے علم موسیقی کا بادشاہ گردانتے ہیں۔ آپ نے علم موسیقی کی تعلیم گوالیار کے مدرسہ موسیقی سے حاصل کی۔ یہ مدرسہ راجا مان سنگھ تنور نے قائم کیا تھا۔ کچھ عرصے تک آپ ریاست ریواں کے راجا رام چندر کے دربار میں رہے جن سے بادشاہ اکبر نے آپ کو مانگ لیا۔ دربار اکبر کے نورتنوں میں آپ بہت ممتاز تھے۔ کہتے ہیں کہ آپ سے اچھا گویا ہندوستان میں آج تک نہیں ہوا۔

تان سین ہندو تھے۔ جیسا کے نام سے ظاہر ہے لیکن "آئین اکبری" میں شیخ ابو الفضل نے آپ کو میاں تان سین لکھا ہے۔ اس مسلمان لقب کے علاوہ یہ واقعہ کہ آپ کو

اہل اسلام کے قبرستان میں آرام گاہ ابدی ملی ہے ثابت کرتا ہے کہ آپ نے مذہب اسلام اختیار کر لیا تھا۔ آپ کی ٹھیک تاریخ وفات معلوم نہیں۔ یہ سادہ مقبرہ ایک صاحب کمال ماہر فن کی بہت معمولی یادگار ہے۔

ہر پیشہ گور گویا جو گوالیار آتا ہے اسے مقبرے کی زیارت کو حاضر ہوتا ہے۔ مقبرے کے قریب ایک املی کا درخت ہے جس کی پتیاں گویے اور رنڈیاں اس عقیدت سے کھاتی ہیں کہ ان کی آواز میں سریلا پن آجائے گا اور بطور تبرک باہر بھی لے جاتے ہیں۔

(مطبوعہ عالی جاہ دربار پریس گوالیار)

برصغیر کی موسیقی کی ترقی و ترویج میں مسلمانوں کا کردار (مضمون نگار: ایم۔اے۔شیخ)
ماخوذ از کتاب: "کیا صورتیں ہوں گی"، تالیف: پروفیسر شہباز علی

٭ ٭ ٭

قطب الدین ایبک - قوت اسلام مسجد اور قطب مینار

مسلمانان ہند کی عظمت کا نشانِ عالیشان اور پایۂ تختِ ہندوستاں دہلی ایک ایسی عظیم یادگار کا حامل ہے، جو نہ صرف مسلمانوں کے زریں دور کی امین ہے بلکہ ان کے زوال کا مظہر بھی عہد خاندان غلاماں کی عظیم یادگار مسجد قوت اسلام جس کا "قطب مینار" آج بھی دنیا بھر میں اپنا ثانی نہیں رکھتا۔ یہ فتح ہندوستان کے بعد خدائے واحد و برتر کی عبادت کے لیے دہلی میں بندگان خدا کی تعمیر کردہ پہلی مسجد تھی۔ عالمی ثقافتی ورثے کا حصہ قرار دی گئی یہ عظیم مسجد آج کھنڈرات کا منظر پیش کر رہی ہے۔ ۲۳۸ فٹ بلند قطب مینار آج بھی اینٹوں کی مدد سے تیار کردہ دنیا کا سب سے بلند مینار ہے۔ مسجد کے قریب شمس الدین التتمش کا مزار بھی واقع ہے۔

حکیم الامت علامہ اقبال نے اپنے مجموعۂ کلام "ضرب کلیم" میں ایک نظم "قوت اسلام مسجد" کے عنوان سے لکھی ہے:

ہے مرے سینۂ بے نور میں اب کیا باقی
لاالہٗ مردہ و افسردہ و بے ذوقِ نمود
چشمِ فطرت بھی نہ پہچان سکے گی مجھ کو
کہ ایازی سے دگرگوں ہے مقامِ محمود
کیوں مسلماں نہ خجل ہو تری سنگینی سے
کہ غلامی سے ہوا مثلِ زُجاج اس کا وجود

ہے تری شان کے شایاں اسی مومن کی نماز
جس کی تکبیر میں ہر معرکۂ بود و نبود
اب کہاں میرے نفس میں وہ حرارت، وہ گداز
بے تب و تابِ دروں میری صلوٰۃ و درود
ہے مری بانگِ اذاں میں نہ بلندی، نہ شکوہ
کیا گوارا ہے تجھے ایسے مسلماں کا سجود؟

قوت اسلام مسجد اور قطب مینار

قوت اسلام مسجد ہندوستان کے دارالحکومت دہلی میں عہد خاندان غلاماں کی ایک عظیم یادگار ہے جس کا "قطب مینار" عالمی شہرت کا حامل ہے۔ یہ قطب الدین ایبک کے دور کی تعمیرات میں سب سے اعلیٰ مقام رکھتی ہے۔ یہ ہندوستان کی فتح کے بعد دہلی میں تعمیر کی جانے والی پہلی مسجد تھی۔ اس کی تعمیر کا آغاز ۱۱۹۰ء کی دہائی میں ہوا۔

۱۳ویں صدی میں التمش کے دور حکومت میں اس میں توسیع کر کے حجم میں تین گنا اضافہ کیا گیا۔ بعد ازاں اس میں مزید تین گنا اضافہ کرنے کے ساتھ ساتھ ایک اور عظیم مینار تعمیر کیا گیا۔

اس کے بعد مشہور قطب مینار کی تعمیر کا آغاز ۱۱۹۹ء میں ہوا تھا۔ اور بعد ازاں آنے والے حکمران اس میں مزید منزلوں کا اضافہ کرتے گئے اور بالآخر ۱۳۶۸ء میں یہ مینار ۲۷ اعشاریہ ۵ میٹر (۲۳۸ فٹ) تک بلند ہو گیا۔ اس طرح یہ مینار آج بھی اینٹوں کی مدد سے تعمیر کردہ دنیا کا سب سے بلند مینار ہے اور ہندی-اسلامی طرز تعمیر کا شاندار نمونہ سمجھا جاتا ہے۔ بنیاد پر اس کا قطر ۱۴اعشاریہ ۳ جبکہ بلند ترین منزل پر ۲ اعشاریہ ۷ میٹر ہے۔ یہ مینار اور اس سے ملحقہ عمارات اقوام متحدہ کے ذیلی ادارے یونیسکو کے عالمی ثقافتی ورثے کی

فہرست میں شامل ہیں۔

مسجد میں خط کوفی میں خطاطی کے بہترین نمونے موجود ہیں۔ مسجد کے مغرب میں التمش کا مزار ہے جو ۱۲۳۵ء میں تعمیر کیا گیا۔ مسجد کی موجودہ صورتحال کھنڈرات جیسی ہی ہے۔

قطب مینار

ہندوستان کے دارالحکومت دہلی میں واقع یہ ۷۲ء۵ میٹر لمبے مینار کی تعمیر، در حقیقت ایک اجتمائی تعمیر ہے، جس میں مینار، مسجد اور دیگر تعمیرات ہیں، اس مجمع کو "قطب کامپیکس" کہتے ہیں۔ مانا جاتا ہے کہ اس کی تعمیر ہندو اور جین مندروں کو ڈھا کر کی گئی ہے۔ اس کی تعمیر قطب الدین ایبک کے زیر اہتمام ۱۱۹۳ میں شروع ہوئی۔

قطب مینار ایک لمبا مینار ہے جو سرخ اینٹوں سے تعمیر کیا گیا ہے۔ اس کے اندر ۳۷۹ سیڑھیاں ہیں۔ مانا جاتا ہے کہ مینار دنیا کا واحد "آزادانہ مینار" ہے، یعنی اس مینار کو کسی اور عمارت یا سہارے کے بغیر کھڑا کیا گیا ہے۔

افغانستان کے جامی مینار سے متاثر ہو کر قطب الدین ایبک نے اس مینار کی تعمیر کے لئے حکم نامہ جاری کیا۔ قطب الدین ایبک کے دور میں اس کی تعمیر شروع کی گئی، لیکن اس کے دور میں یہ صرف بنیادی منزل کا کام مکمل ہو سکا۔ ایبک کے جانشین التتمش نے اسکے مزید تین منازل تعمیر کروائے۔ بعد میں فیروز شاہ تغلق نے پانچویں اور آخری منزل کی تعمیر کروائی۔

قطب الدین ایبک پہلا مسلمان سلطان ہے جس نے مرکزی حکومت کا ڈھانچہ دیا جسے اس کے غلام اور داماد سلطان شمس الدین التمش نے مضبوط بنایا۔ سلطان علوم وفنون کا دلدادہ تھا دہلی کا مدرسہ ناصریہ اور قطب مینار اس کی علم دوستی کا واضح ثبوت ہیں۔

قطب مینار محض ایک مینارہ نہیں ہے، بلکہ دراصل شمالی ہندوستانی سرزمین پر قائم ہونے والی سب سے پہلی مسجد کا مینارہ ہے جو اسلام کی شان و شوکت کا عظیم مظہر اور سرزمینِ ہند پر اللہ و رسول کا کلمہ بلند کرنے کی ایک اہم نشانی ہے۔ اس کا ثبوت اس مسجد کے درودیوار اور خود قطب مینار کے چاروں طرف خط زخارف میں کندہ کی ہوئی وہ عربی و فارسی تحریریں ہیں جو امتدادِ زمانہ اور حوادث دہر کے باوجود محو نہیں ہو سکی ہیں۔ قطب مینار کے پہلے دروازہ پر پہونچتے ہی آپ کو اس کے دروازہ پر جو تحریر منقش دکھائی دے گی وہ اللہ کے رسولؐ کی مشہور حدیث ہے ''من بنی للہ مسجدا بنی اللہ لہ بیتا فی الجنۃ''۔ اس مسجد و مینارہ کی بنیاد سلطنتِ دہلی کے اولین مسلم بانی سلطان شمس الدین التمش نے رکھی تھی اور اس کی تکمیل اس کے نائب سلطان قطب الدین ایبک کے ہاتھوں ہوئی۔

قطب الدین ایبک

قطب الدین ایبک ہندوستان میں ایک مستقل سلطنت قائم کرنے میں کامیاب ہوا۔ برصغیر پاک وہند کا یہ پہلا فرمانروا ترکی الاصل تھا۔

بچپن میں حاکم نیش پور قاضی فخر الدین عبدالعزیز کوفی نے اسے خریدا اور اسکے زیر سایہ قطب الدین نے تعلیم و تربیت کے علاوہ شہسواری اور تیر اندازی کی تربیت حاصل کی۔ قاضی فخر الدین کی وفات کے بعد اسکے بیٹوں نے قطب الدین کو فروخت کر دیا۔ چنانچہ وہ غزنی میں سلطان شہاب الدین محمود غوری کے ہاتھ فروخت ہوا۔ محمد غوری کی ترینہ اولاد نہ تھی۔ وہ اپنے ترکی غلاموں کو اولاد کی طرح پالتا اور انہیں تعلیم و تربیت سے بہرہ ور کرتا اور جو صاحب کمال نظر آتے اسے اہم منصب پر فائز کرتا۔ قطب الدین ایبک نے کئی مہموں میں اپنی بہادری اور دلیری کے جوہر دکھائے۔ چنانچہ ترائن کی دوسری جنگ (۱۱۹۲ئ) میں پرتھوی راج چوہان کی شکست کے بعد سلطان نے قطب

الدین ایبک کو اپنا نائب سلطنت مقرر کر کے بر صغیر میں مزید فتوحات پر مامور کر کے خود غزنی واپس چلا گیا۔

۱۱۹۲ء اور ۱۱۹۴ء کے درمیان قطب الدین نے ہانسی، میرٹھ، بلند شہر، دہلی، کوئل (علی گڑھ) قنوج اور بنارس فتح کیے اور متعدد سرکش راجاؤں پر قابو پایا ۱۱۹۶ءاور ۱۱۹۷ءمیں گجرات، انہلواڑہ اور رنتھمبور کے اہم قلعوں قبضہ کر کے ۱۲۰۲ءتک شمالی ہندوستان کے فاتح کی حیثیت اختیار کی۔ ۱۲۰۶ءمیں سلطان محمد غوری کی وفات کے بعد قطب الدین لاہور پہنچا۔ جہاں اس کی تاجپوشی کا جشن منایا گیا۔ سلاطین دہلی کے لیے وسط ایشیا کیطرف سے ہر وقت خطرہ رہا کرتا تھا۔ چنانچہ تاج الدین یلدوز قطب الدین سے شکست کھانے کے باوجود خطرہ بنارہا۔ اس سے تعلقات استوار کرنے کی خاطر قطب الدین نے تاج الدین یلدوز کی بیٹی سے شادی کرلی۔ نیز اپنی ایک بیٹی کی شادی ناصر الدین قباچہ حاکم ملتان وسندھ سے کردی۔ اور دوسری بیٹی شمس الدین سے بیاہ دی۔ اس رشتوں کیوجہ سے قطب الدین ایبک کی سلطنت بہت مستحکم ہوگئی۔ لیکن قدرت نے اسے نظام حکومت کے میدان میں تنظیمی قابلیت اور فہم و فراست کے جوہر دکھانے کے موقع نہ دیا۔ اسکا نظام حکومت فوجی نوعیت کا تھا۔ اہم صوبوں اور شہروں میں فوج متعین تھی۔ انتظام وانصرام کے لیے عموماً فوجی افسر مقرر ہوئے تھے۔ عدل وانصاف کے لیے ہر صوبہ میں قاضی مقرر تھے۔ جرائم کی سزائیں سخت تھیں۔ اس لیے اسکے عہد میں مکمل امن و امان رہا۔ احکام شریعت کے پابند ہونے کیوجہ سے لگان اراضی جو پہلے پیداوار کا پانچواں حصہ تھی قطب الدین کے عہد میں دسواں حصہ مقرر کی گئی جس سے رعایا خوش حال اور فارغ البال ہوگئی۔

اس زمانے میں امراء میں چوگان کا کھیل بڑا مقبول تھا اور قطب الدین کو بھی

چو گان کا بڑا شوق تھا۔ یہی شوق اسکی موت کا باعث ہوا۔ چنانچہ ۱۲۱۰ء میں لاہور میں چو گان کھیلتے ہوئے گرا اور اپنے گھوڑے کے نیچے دب گیا۔ گھوڑے کی زین کا پیش کوہہ سلطان کے سینے میں پیوست ہو گیا۔ اور روح قفس عنصری سے پرواز کر گئی۔ اس کے جانشین سلطان شمس الدین التمش نے ۱۲۱۷ء میں ایک عالیشان مقبرہ تعمیر کرایا۔ تاہم رنجیت سنگھ کے عہد میں اسے مسمار کرا دیا گیا۔ برٹش دور میں لاہور میں آبادی کا اضافہ ہوا تو مقبرہ آبادی میں گھر گیا۔ پاکستان بننے کے بعد محکمہ آثار قدیمہ نے قبر سے متصلہ تمام مکانات کو خرید کر قبر کے احاطہ کو واگذار کرایا اور ۱۹۲۷ء میں مقبرہ کی تعمیر شروع ہوئی۔ انار کلی بازار سے میو ہسپتال کی طرف جانے والی گلی میں یہ مقبرہ مرجع خلائق ہے۔ سلطان قطب الدین کو علوم و فنون کے علاوہ فن تعمیر سے بھی خاص لگائو تھا۔ ۱۱۹۳ء میں دہلی کی فتح کی یادگار میں مسجد قبتہ الاسلام یا مسجد قوۃ الاسلام تعمیر کرائی۔ قطب الدین مینار کی بنیاد رکھی جو بعد میں سلطان التمش نے مکمل کروایا۔

***

بھکتی تحریک - کبیر اور تلسی داس کے حوالے سے

پروفیسر ڈاکٹر محمد اقبال

بھکتی تحریک کا آغاز محبت، عقیدت و خلوص کے مسلک کے طور پر ہوا۔ جسے جنوبی ہند کے دو برہمنوں الوار اور ادیار نے بھگوت گیتا اور دوسری مذہبی کتب کی تعلیمات کی بنیاد پر تشکیل دیا۔ پرانے اور نئے ہندو اور مسلم تہذیب کے دو چشموں کے سنگم سے قرون وسطی کے ہندوستان میں بھکتی تحریک کا آغاز ہوا۔ ویشنا چاریوں اور سیوا سدھانت گروؤں نے اس کو شنکر اچاریہ کی آدرشی رسمی پابندی کے علی الرغم مابعد الطبیعاتی اصول پر ترقی دی۔ ویشنوچاریہ میں سب سے نمایاں ہستی رامانج کی تھی۔ جنھوں نے وحدت مطلقہ کو باطل قرار دے کر ویدانتی فلسفہ کی حدود کے اندر بھکتی کا مسلک قائم کیا۔ رامانج کے ہاں برہمن کو فوقیت حاصل ہے اور انسان اتم ہے۔ انسان کامل ہے اور وہ سب سے افضل ہے۔ ان کے نزدیک (پرکرتی) مادہ اور روح (جیو) وجود میں آئے۔ "یہ دونوں حق ہیں"۔ وہ ایشور کو پابند نہیں کرتے ہیں، بلکہ اس کی مرضی کے تابع ہیں اور اپنے وجود کے لئے اس کے دست نگر ہیں"۔

بھگتی تحریک جنوب سے شمال پہنچی جہاں اس نے ویشنو اویت کو تقویت دی۔ ہم تاریخی اعتبار سے بھکتی تحریک کے ارتقاء کو دو ادوار میں تقسیم کر سکتے ہیں۔ جنوبی ہند میں آغاز سے لے کر تیرہویں صدی تک رہا اور دوسرا تیرہویں صدی سے سترہویں صدی

تک اور جب اسلام ہند میں داخل ہوا تو اس نے اپنی یعنی بھکتی تحریک نے اپنی حفاظت کے لئے اسلام کے توحید کے فلسفے کو مستعار لیا۔ چودھویں صدی کے اوائل میں صوفیوں اور خانقاہوں کے ذریعہ اسلام تیزی سے سے پھیل رہا تھا۔ رامانند جو بھکتی کی تحریک میں رام کی پوجا کا شمالی ہند میں خاص محرک تھا۔ بنارس میں مسلم علماء سے اسکے روابط تھے۔ ان کے شاگردوں کو دو دبستانوں میں بانٹا جا سکتا ہے۔ اوّل کٹّر شاگرد جن میں نابھہ داس اور تلسی داس تھے۔ انھوں نے رام اور کرشن کے عشق مجازی مسلک کو محتاط انداز میں عروج دیا۔ رامانند کے پیرؤں کا یہ اصول پرست دبستان دائرہ ہندومت میں مضبوطی سے قدم جمائے ہوئے ہیں۔ اور اسلام سے متحرک کرنے والے کچھ اثرات بھی قبول کئے ہیں۔ دوسرا دبستان جسکی نمائندگی کبیر اور انکے شاگرد کرتے ہیں۔ یہ دبستان ویدوں اور ہندو مذہبی رسوم کے برتنے کے سلسلے میں شکوک وشبہات میں مبتلا نظر آتا ہے۔ اور اسلام سے متعلق بھی اس کا نظریہ شکوک سے پرہے۔ وہ اسلامی رسوم اور مصحف آسمانی کا قائل نہیں بلکہ انکاری ہے۔ حالانکہ وہ اسلام کے ساتھ روحانی سطح پر اسکی تعلیمات کو قبول کرتا ہے۔ لیکن اسکی بنا خدائے بزرگ و برتر کے ساتھ رام کی پوجا اور اس کے ساتھ غیر متزلزل عقیدت پر قائم تھی۔ کبیر کہتے ہیں۔ لوٹ سکے تو لوٹ لے، رام نام کی لوٹ پاچھے پھر پچھتاوگے، پران جاہی جب چھوٹ

جیسے جیسے زمانہ آگے بڑھتا گیا اور حالات بدلتے گئے، ہندوستان میں صوفیوں کی آمد کا سلسلہ بھی تیز ہوتا گیا اور وہ اپنی تعلیمات کی مقامی زبان میں تبلیغ کیا کرتے تھے۔ تیرہویں صدی میں صوفی مبلغ پورے ہندوستان میں پھیل گئے تھے۔ چونکہ یہاں اعلیٰ طبقہ کی بالادستی تھی اور ورنہ نظام قائم تھا۔ اعلیٰ اور ادنیٰ، چھوت اچھوت کا تصور پایا جاتا تھا۔ جسکے نتیجے میں نچلے طبقے کے لوگ اعلیٰ ذات کے لوگوں کی ظلم وزیادتی کے شکار

تھے۔اور اس کا نتیجہ یہ ہوا کہ صوفیوں کی تعلیمات کو ان لوگوں نے قبول کرتے ہوئے اسلام قبول کرنے لگے۔اس کا مطلب یہ تھا کہ وہ اس ظالمانہ نظام سے نجات حاصل کرنا چاہتے تھے۔اور برہمنی رسوم پرستی میں قبول اسلام کا چیلینج قبول کرنے کی صلاحیت نہیں تھی۔ مختلف تحریکات کا جب بہ نظر غائر مطالعہ کیا جائے تو یہ بات ہمارے سامنے آتی ہے کہ بیشتر دیگر مذاہب کی تحریکات نے اسلام کی تعلیمات کے اثرات کو قبول کیا ہے۔ بھکتی تحریک میں جو گرو کو مان (عزت) دی جاتی ہے یہ بھی انھوں نے صوفیوں سے ہی لی ہے۔اس طرح رام کے نام کا جپ بھکتی تحریک میں صوفیوں کے ذکر و سلوک سے ہی لیا گیا ہے۔

۱۴ویں صدی میں رامانند کا خاص کارنامہ یہ تھا کہ انھوں نے نچلے طبقے کے لوگوں کو مذہبی تجربات سے روشناس کرایا۔ جنھیں انکے قریب بھی پھٹکنے کی اجازت نہیں تھی۔اگر ہم مطالعہ کریں تو پتہ چلتا ہے بھکتی تحریک کے چوٹی کے شعراء نچلے طبقہ سے تعلق رکھتے تھے۔رامانند کا ایک شاگرد جو ذات کے اعتبار سے چمار (موچی) شودر تھا۔اس نیا علیٰ طبقے کے نظام کے خلاف نظمیں لکھیں۔اس وقت کی رائج زبان کو استعمال کیا۔بھکتی تحریک کے ماننے والوں نے ذات پات کے نظام کو ٹھکرادیا اور خود کو آزاد کرلیا۔رامانند کیشاگردوں میں صرف ہندومت کے ماننے والے ہی نہیں تھے بلکہ اس میں مسلمان بھی شامل تھے۔اس وقت کرشن مسلک خاص طور پر مسلمانوں کے لئے پر کشش تھا۔رس خاں کے قصہ کا،جو مرتد ہوگیا تھااور جس نے کرشن سے عقیدت کے اظہار کے لئے "پریم پاٹیکا" بھی لکھی تھی اور اس نے اسکی طرح کے مرتد مسلمانوں کے گروہ کو اکٹھا کیا تھا۔

ہندؤں کا معاشرتی نظام ایک ہی وقت میں ضرورت سے زیادہ لچکدار اور سخت

تھا۔خاندان اورذات برادری کے بندھنوں میں جکڑے فرد کو اپنی ذاتی جوہر بتانے کے مواقع ہی نہیں دیئے جاتے تھے۔ذات پات اور برادری کے اس نظام نے انھیں تنگ اور آٹوٹ جماعتوں میں تقسیم کردیا تھا۔اس کا نتیجہ یہ ہوا کہ ایک ذات کے افراد نہ دوسری ذات میں داخل ہوسکتے تھے اور نہ دوسری ذاتوں کے ساتھ انکی یگانگت کا احساس تھا۔برہمن اعلیٰ طبقہ ہوا کرتا تھا اس کی ہر چیز پر اجارہ داری تھی۔

چونکہ ہندو تہذیب کی یہ عظیم الشان کوشش تھی جس کا مقصد اپنے معاشرتی نظام کو ایک عالمی نظریے پر قائم کرنا تھا۔مشہور مقنن منو کی تعلیم کے مطابق برہمن کی عظمت اس کے علم پر ہے۔اور ورنا نظام قائم کیا۔اور پھر یہ نظام جسے وہ شاندار اور عظیم الشان نظام کہتے ہیں، ترکوں اور تاتاریوں کا بڑی بہادری سے مقابلہ کرنے کے باوجود ان کو روک نہ سکیں۔اور اسکی وجہ آپسی انتشار اور اتحاد کا نہ ہونا تھی۔اور سماجی انتشار بھی پایا جاتا تھا۔دوسری طرف صوفیاء کرام کے عقیدوں نے ہندوستان کی تہذیب کی ثروت میں قابل قدر اضافہ کیا۔مذہبی اور سماجی زندگی کی ترقی میں قابل قدر کردار انجام دیا۔توحید باری پر واضح اور شدید ایمان رکھنے کی تعلیم دی اور عشق کی پرزور تاکید کی۔کیونکہ عبادت کی روح اور عمل صالح کی وہی اصل ہے۔اور اس سے فائدہ تمام ہی مذہب کے ماننے والوں نے اٹھایا خاص طور سے اوسط طبقے کے ان لوگوں نے جو سنجیدگی کے ساتھ حق وصداقت کے علمبردار تھے بڑی گرم جوشی سے خیر مقدم کیا۔

صوفیائے کرام کی تبلیغی مساعی کے نتیجے میں ہندوستان ایک دوسرے کی تہذیب ،رسم ورواج سے آشنا ہوئے۔اور بھکتی تحریک پر اسکے دوررس نتائج مرتب ہوئے۔اور پھر اس تحریک کی بہت ساری شاخیں پھوٹیں۔انھوں نے خدا کی وحدت کا پرچار

کیا۔ مورتیوں کی پرستش زیارت گاہوں کی یاترا اور ظاہری رسوم کی پیروی کو غلط قرار دیا۔ اور دوسری طرف اسکے متبادل کے طور پر روحانی نظم و ضبط، انسان کی محبت اور خدمت، اجتماعی دعا اور عبادت، اعلیٰ اخلاق، تقدس اور پاکیزگی پر زور دیا۔ ذات پات کی تفریق اور اونچ پنچ کے بھید باؤ کی سختی سے مذمت کی۔ بھکتی کا نظریہ آسان اور سہل تھا اور پھر یہ ان پڑھ، غریب، سیدھے سادے، اچھوتوں کے لئے تمام کر دیا گیا۔

مسلمانوں کے مرتد افراد کا گروہ اکٹھا ہو گیا۔ اور اس نے اپنا کام شروع کیا۔ ان میں کا ایک فرد جو سب سے زیادہ آزاد اور روشن خیال سمجھا جاتا تھا اور روحانی طور پر رامانند کے خاص ماننے والوں میں جس کا شمار ہوتا تھا، جو کہ خود بھی ایک اچھا شاعر تھا جس کا نام کبیر ہے۔ اس نے انتخابیت اور آزادہ روی کو پیش کیا۔ اور اس تحریک کی جڑیں رام کے مسلک میں مضبوطی سے قائم تھیں۔ کبیر کی پیدائش، زندگی اور موت ایک رنگارنگ افسانے کے دھند میں پوشیدہ ہے۔ کبیر کی شاعری بھکتی مذہب کی محبت میں ڈوبی ہوئی ہے۔ اسکی توحید پرستی خالص نہیں ہے۔ وہ ثنویت کا قائل ہے، ست پرش میں یقین رکھتا ہے، وہ خدا کے مقابل کال پرش یا نرنجن یعنی ایک خبیث ذات کے وجود کا بھی قائل ہے جو بے پناہ قوت کا مالک ہے۔ جس نے دنیا کو پیدا کیا ہے اور جس سے (تری مورتی) تین دیوتا وجود میں آئے یعنی برہما، وشنو اور مہیش جنھوں نے چار وید، چھ شاستر اور اٹھارہ پران تصنیف کئے ہیں۔ بنیادی طور پر کبیر ایک عوامی شاعر تھے اور مسلمانوں کے علاوہ دیگر طبقات میں انھوں نے عام اور دیرپا ہر دل عزیزی حاصل کی۔

بھکتی کے دیگر آزاد منش شعراء میں داؤد دیال کا شمار ہوتا ہے۔ وہ اکثر صوفیائے کرام کی صحبت میں رہتے تھے۔ دوسرے بھگتی شعراء کے مقابلے میں اسے اسلامی تعلیمات اور

اسلام سے زیادہ واقفیت تھی۔ لیکن کبیر کی طرح وہ بھی مسلمانوں کی آسمانی کتاب اور ہندوؤں کی کتابوں کا منکر تھے۔ اور وہ رام کے نام سے خدا کی عبادت اور پوجا میں شدت سے یقین رکھتے تھے۔ بیر بھان داؤد کا ہم عصر تھا جس نے ستنامی فرقے کی بنیاد ڈالی۔ جو ذات پات کے نظام کا سخت مخالف تھا، وہ سخت محتاط قسم کے موحد تھے۔ خصوصاً وہ سنسکرت کا عالم تھے۔ انکی تصنیف "سندرولاس" خالص سنسکرت کے ماخذات پر مبنی ہے۔

دوسری طرف کٹر رام پرست دبستان کا نمائندہ تلسی داس تھے۔ جن کے متعلق کہا جاتا ہے کہ اسے عبدالرحیم خان خاناں کی سرپرستی حاصل تھی لیکن وہ صرف ہندوؤں کے لئے لکھتے تھے۔ اس کا عظیم کارنامہ "رام چرترمانس" ہے۔ جو ایک مذہبی رزمیہ ہے، جس میں رام کی زندگی کو پیش کیا گیا ہے۔ اکبر کی روشن خیالی اور حکمت عملی کے باوجود تلسی داس اس دور کو تاریک حرص ولوبھ اور روحانی و اقتصادی افلاس کا دور سمجھتا تھا۔ اکبر و کبیر کے ہر قسم کے اتحاد مذہب کی مساعی کو منافقانہ سمجھتا تھا۔ تلسی داس کہتے ہیں۔

رام نام منی دیپ دھر وجھی دہری دوار۔ تلسی بھتر باہر ہوں جو چاہی سی اجیہار

ناموراام کو کلپ ترو کلی کلیان نیواسو۔ جو سمرت بیھو بھانگ تے تلسی تلسی داس

بھکتی تحریک کے مہاراشٹرا میں کیا کچھ اثرات ہوئے اس کا اجمالی جائزہ لیتے ہیں۔ مہاراشٹر میں بھکتی تحریک کی مسلک رامانند پر نشو نما ہوئی۔ اس کا سب سے پہلا نمائندہ سنت نامدیو ہے جنکا تصور اتحاد مذہب نہایت دلچسپ انداز میں کبیر کے متوازی تھا۔ وہ کبیر ہی کی طرح ہندومت اور اسلام کے رسوم و عبادات کی تنقیص کیا کرتے تھے۔ کافی وسیع پیمانے پر اپنے مریدین کا حلقہ انھوں نے بنایا تھا، جن میں ہندوؤں کے علاہ مرتد مسلمان بھی شامل تھے۔ مہاراشٹر میں اس تحریک کا مرکز پنڈھر پور میں وٹھوبا کا

معبد تھا۔ مرہٹی ادب کو انھوں نے کافی تقویت پہنچائی۔ ساتھ ہی ذات پات کے نظام کی قید و بند کو بہت حد تک نرم کرنے کی کوشش کی۔ مرہٹہ سنتوں میں سب سے زیادہ ذی اثر شخصیت سنت تکارام کی تھی جنکا تصور الہٰ بھی کبیر سے جا کر ملتا ہے۔ اور انھوں نے تصوف کی بعض اصطلاحات کو اپنے بھجنوں میں خوب استعمال کیا ہے۔ اس طرح بھکتی تحریک جس نے سر زمین ہند پر اسلام کے روحانی غلبہ کو بے اثر بنانے کی حتی المقدور کوشش کی وہ خود ہی اسی سر زمین پر بدیسی ہو گئی۔

پروفیسر ڈاکٹر محمد اقبال (صدر شعبہ اردو، شواجی کالج ہنگولی، مہاراشٹر)

٭ ٭ ٭

بیجاپور – ایک بہترین تاریخی و تفریحی مقام

کرناٹک کا ضلع مستقر بیجاپور نہ صرف ایک تاریخی بلکہ ایک دلچسپ تفریحی مقام ہے بلکہ یہاں کئی یادگار عمارتیں ہیں۔ ریاست کے دارالحکومت بنگلور سے ۵۳۰ کلو میٹر دور شمال میں واقع یہ شہر عادل شاہی حکمرانوں کا دارالخلافہ تھا۔

بیجاپور ممبئی سے ۵۵۰ اور حیدرآباد سے ۳۸۴ کلو میٹر دور ہے۔ اس شہر کی بنیاد ۱۰ ویں صدی میں کلیانی چالو کیہ راجاؤں نے رکھی اور اس کا نام وجیا پورا (فتح کا شہر) رکھا۔ ۱۳ ویں صدی میں یہ شہر خلجی سلطنت کے تحت آیا ۱۳۴۷ء میں گلبرکہ کی بہمنی سلطنت نے اس علاقہ کو فتح کرلیا۔ ۱۵۱۸ء میں بہمنی سلطنت پانچ حصوں میں تقسیم ہوگئی۔ ان میں سے ایک بیجاپور بھی تھا جس پر عادل شاہی حکمرانوں نے ۱۶۶۸ء تک حکومت کی۔ یوسف عادل شاہ نے بیجاپور کو ایک آزاد مملکت بنایا۔

۱۶۸۶ء میں مغل شہنشاہ اورنگ زیب نے اس علاقہ کو فتح کرلیا۔ برطانوی حکمرانوں نے ۱۸۱۸ء میں پیشوا کو شکست دی جس کے بعد بیجاپور انگریزوں کے ہاتھ میں چلا گیا۔ انہوں نے یہ علاقہ ستارا کی صوبیداری میں دے دیا۔

۱۸۴۸ء میں انگریزوں نے بیجاپور کو دو اضلاع میں تقسیم کر دیا۔ ان میں ایک باگلکوٹ ہے۔ ۱۹۴۷ء میں آزادی کے بعد یہ ضلع ریاست بامبے کے تحت تھا۔ بعد میں ریاست میسور میں منتقل کیا گیا اور ۱۹۵۶ء میں کرناٹک کا حصہ بن گیا۔

شہر میں کئی عمارتیں سیاحوں کی دلچسپی کا مرکز ہیں۔ زمانہ قدیم کی کئی تعمیرات قلعہ،

مساجد دیکھنے سے تعلق رکھتی ہیں۔ ان تاریخی اور اسلامی یادگاروں میں سب سے دلچسپ اور اہم عمارتیں بیجاپور کے قلعہ میں ہیں۔

گول گنبد:

یہ مشہور عمارت محمد عادل شاہ (۱۶۲۷ تا ۱۶۵۷) کا مقبرہ ہے اس پر ایک بہت بڑا گنبد بنا ہوا ہے۔ یہ گنبد روم کے سینٹ پیٹرس کے بعد دوسرا بڑا گنبد ہے۔ یہاں کوئی بھی آواز سات مرتبہ سنائی دیتی ہے۔ یہاں ایک سرگوشی خانہ بھی ہے۔ یہاں گھڑی کی آواز بھی ۳۷ میٹر کی دوری پر سنی جاسکتی ہے۔ گول گنبد کامپلکس میں ایک مسجد، نقار خانہ اور دیگر عمارتیں ہیں جو اب ٹوٹ گئی ہیں۔

ابراہیم روضہ:

یہ ابراہیم عادل شاہ دوم (۱۵۶۰ تا ۱۶۲۷) کا مقبرہ ہے۔ مغل بادشاہ اکبر کے مقبرے کی طرح اس کو ایک ہی تراشی ہوئی چٹان پر بنایا گیا ہے۔

ملک میدان:

یہاں دنیا کی سب سے بڑی توپ رکھی ہوئی ہے جس کی لمبائی چار میٹر، چوڑائی ۱۰۵ میٹر اور وزن ۵۵ ٹن ہے۔ ۱۷ویں صدی میں اس توپ کو احمد نگر سے جنگ میں جیت کر ۴۰۰ بیلوں کی مدد سے لایا گیا تھا۔ اس کو لانے میں دس ہاتھیوں اور سینکڑوں ملازمین کی بھی مدد لی گئی۔ اس توپ کو ایک مخصوص تیار کردہ پلیٹ فارم پر رکھا گیا ہے۔ یہ توپ سخت ترین دھوپ میں بھی ٹھنڈی رہتی ہے۔ ۱۸۵۴ء میں اس توپ کو ۱۵۰ روپے میں ہراج کیا گیا تھا لیکن بعد میں ہراج منسوخ کر دیا گیا۔

اوپلی برج:

اس کو ۱۵۸۴ء میں حیدر خان نے تعمیر کرایا۔ ۸۰ فٹ اونچا یہ ٹاور بیجاپور کی دکھنی عیدگاہ کے شمال میں کھڑا ہے۔ اس کے اوپر پہنچنے کے لئے پتھر کی سیڑھیاں بنی ہوئی ہیں۔ اوپلی برج کو حیدر برج بھی کہا جاتا ہے جس پر دو بڑی توپیں رکھی ہوئی ہیں۔

چاند باؤلی:

علی عادل شاہ (۱۵۵۷ تا ۱۵۸۰) نے بیجاپور کی مشرقی فصیل کے قریب پینے کے پانی کے لئے یہ ٹینک تعمیر کرایا۔ اس میں ۲۰ ملین لیٹر پانی جمع کرنے کی گنجائش ہے۔ اس ٹینک کے طرز پر کئی کنویں بنائے گئے۔

آثار محل:

محمد عادل شاہ نے ۱۶۴۶ء میں یہ محل تعمیر کرایا تھا، جس کو وہ عدالت کے طور پر استعمال کرتا تھا۔ یہاں حضور (صلی اللہ علیہ وسلم) کے موئے مبارک ہیں اس لئے اس محل کا نام آثار محل رکھا گیا ہے۔

گگن محل:

اس محل کو لکڑی کے چار بڑے ستونوں پر بنایا گیا ہے۔ ۱۶۸۱ء میں سکندر عادل شاہ کو چاندی کی زنجیروں میں باندھ کر اس جگہ اورنگ زیب کے روبرو پیش کیا گیا تھا۔

بارہ کمان (علی روضہ):

یہ عمارت ۱۶۷۲ میں تعمیر کی گئی۔ پہلے اس کا نام علی روضہ تھا بعد میں اس کو شاہ نواب خان نے اپنے دور کی ۱۲ویں یادگار کے طور پر بارہ کمان کا نام دے دیا۔

بیجاپور کی دیگر تاریخی عمارتوں میں آنند محل، جوڑ گنبد، جمعہ مسجد، سات منزل اور جل منزل شامل ہیں۔

جمعہ مسجد:

دکن کی سب سے قدیم مسجد ہے۔ ۱۲۰۰ گز پر مشتمل یہ مسجد علی عادل شاہ نے وجئے نگر پر عارضی فتح حاصل کرنے کے بعد تعمیر کرائی تھی۔ یہ مسجد مشرق اور مغرب میں ۴۰۰ فٹ اور شمال سے جنوب میں ۲۸۰ فٹ ہے۔ مسجد کا باب الداخلہ مغل شہنشاہ اورنگ زیب نے تعمیر کرایا تھا۔ اس لئے اس دروازے کا نام اورنگ زیب کے نام پر رکھا گیا۔ مسجد کے محراب کو سونے اور چاندی سے بنایا گیا ہے۔

جمعہ مسجد کے علاوہ بیجاپور میں ملک کریم الدین کی مسجد، ملکہ جہاں بیگم کی مسجد، مکہ مسجد مشہور ہیں۔ بیجاپور میں علی شاہ پیر محمد اور مقبرہ بھی دیکھنے سے تعلق رکھتے ہیں۔ اس کے علاوہ امین درگاہ کو شہر کا ایک مقدس مقام سمجھا جاتا ہے۔ یہ درگاہ بیجاپور کے مغرب میں تقریباً ۵ء۱ کلومیٹر دور ہے۔ امین الدین کا مقبرہ بھی دیکھنے سے تعلق رکھتا ہے۔ علی عادل شاہ کے بنائے گئے محلات میں آنند محل میں سرکاری دفاتر قائم کئے گئے ہیں۔ شہر کے جمال روڈ پر ایک مسجد اندو مسجد کے نام سے مشہور ہے۔ اسے ۱۶۰۸ء میں اعتبار خان نے بنایا تھا۔ گول گنبد کے قریب ایک میوزم بھی ہے جس میں شاہی دور کے باقیات سازوسامان و ہتھیار رکھے گئے ہیں۔ شہر کے وسط میں ایک قلعہ جسے ارک کا قلعہ کہتے ہیں۔ یوسف عادل شاہ نے اس قلعہ کو تعمیر کرایا تھا۔ بخاری مسجد کو چاند بی بی نے بخاری خاندان کے لئے بنایا تھا۔

چینی محل، فاروق محل کے نام سے مشہور ہے۔ یوسف عادل شاہ نے اسے تعمیر کرایا تھا۔ شہر میں ایک ایسا مقام بھی ہے جو سیاحوں کی دلچسپی کا مرکز ہے لیکن لوگ یہاں جانے سے گھبراتے ہیں۔

۶۰ قبر کے نام سے مشہور اس علاقہ میں ایک سپاہ سالار کی ۶۳ بیویوں کی قبریں ہیں۔

بتایا جاتا ہے کہ عادل شاہ کے ایک سپہ سالار افضل خان نے اس خوف سے اپنی ۶۳ بیویوں کو قتل کر دیا کہ کہیں وہ اس کے مرنے کے بعد دوسری شادی نہ کر لیں۔ کہا جاتا ہے کہ یہ سپاہ سالار علم نجوم پر یقین رکھتا تھا اور ایک نجومی نے اس سے کہا تھا کہ وہ میدان جنگ میں مرنے والا ہے۔ اس پیش قیاسی پر اس نے اپنے بیویوں کو قتل کرنا شروع کر دیا تھا۔ ایک کے بعد ایک ان کا قتل کر کے وہ یہاں انہیں دفناتا تھا۔

بیجاپور ساؤتھ ویسٹرن ریلوے کے تحت آتا ہے۔ گلبرکہ، بیجاور، راست لائن ہے۔ شہر میں سیاحت کے لئے بہتری موسم اکتوبر سے مارچ کے درمیان (یعنی موسم سرما) ہوتا ہے۔ ۲۰۵ کلومیٹر دور بیلگام میں ایر پورٹ موجود ہے۔ یہ شہر بیلگام سے پانچ گھنٹے، گلبرکہ سے چار گھنٹے، بیدر سے سات گھنٹے کے فاصلہ پر ہے۔

***

علی گڑھ تحریک

پروفیسر نورالحسن نقوی

ہندوستانی مسلمانوں کی بربادی کا آغاز تو اسی وقت ہو گیا تھا جب مغل سلطنت کے آفتاب کو گہن لگنا شروع ہوا لیکن یہ بربادی مکمل اس وقت ہوئی جب ۱۸۵۷ء کی بغاوت ناکام ہو گئی اور مسلمانوں کو موردِ الزام ٹھہرایا گیا۔ سر سید نے درست فرمایا کہ:

"کوئی آفت ایسی نہی تھی جو اس زمانے میں ہوئی اور یہ نہ کہا گیا ہو کہ مسلمانوں نے کی، کوئی بلا آسمان پر سے نہیں چلی جس نے زمین پر پہنچنے سے پہلے مسلمانوں کا گھر نہ ڈھونڈا ہو، جو کتابیں اس ہنگامے کی بابت تصنیف ہوئیں ان میں بھی ہی کہا گیا کہ ہندوستان میں مفسد اور بدذات کوئی نہیں مگر مسلمان، مسلمان، مسلمان کوئی کانٹوں والا درخت اس زمانے میں نہیں اگا جس کی نسبت یہ نہ کہا گیا ہو کہ اس کا بیج مسلمانوں نے بویا تھا اور کوئی آتشیں بگولا نہیں اٹھا جو یہ نہ کہا گیا ہو کہ مسلمانوں نے اٹھایا تھا۔"

جس قوم پر یہ الزامات ہوں اور جس کے بارے میں حکومت کا یہ رویہ ہو اس کا انجام تباہی بربادی کے سوا کیا ہو سکتا تھا۔ دیکھتے ہی دیکھتے لاکھوں گھر اجڑ گئے۔ بے شمار لوگ مارے گئے، ہر طرف پھانسی کا بازار گرم ہو گیا۔ ہر گلی کوچہ تختۂ دار بن گیا۔ ہزاروں مسلمان سرکاری ملازمت سے برطرف کر دیے گئے۔ ان کی جائدادیں ضبط کر لی گئیں اور انجام کار مسلمانوں کے گھر ماتم کدے بن گئے۔

اس وقت ایک درد مند دل رکھنے والا انسان ایسا تھا جو مسلمانوں پر ٹوٹ پڑنے والی اس قیامت کو بہت نزدیک سے دیکھ رہا تھا۔ بے گناہوں کو برباد ہوتے دیکھ کر اس کا دل تڑپ اٹھا مگر انہیں بربادی سے بچانے کی کوئی تدبیر کارگر ہوتی نظر نہ آتی تھی، اسے مایوسیوں نے آگھیرا کہ ترک وطن پر آمادہ ہو گیا لیکن دل میں قوم کا درد تھا۔ غیرت نے گوارا نہ کیا کہ اپنے بھائیوں کو مصیبت میں چھوڑ کر خود گوشہ عافیت میں جا بیٹھے۔ اس نے ہجرت کا ارادہ ترک کر دیا اور "ایک مدت اسی غم میں پڑا سوچتا رہا کہ کیا کیجئے جو خیالی تدبیریں کرتا تھا کوئی بن پڑتی معلوم نہ ہوتی تھیں۔ جتنی امیدیں باندھتا تھا سب ٹوٹ جاتی تھیں۔ آخر یہ سوچا کہ سوچنے سے کرنا بہتر ہے۔ کرو جو کچھ کر سکو۔ ہو یا نہ ہو۔ اسی بات پر دل ٹھہرا، ہمت نے ساتھ دیا اور صبر نے سہارا اور اپنی قوم کی بھلائی میں قدم تاڑا۔" یہ مردانا و دلیر کون تھا؟ قوم کا محسن و مسیحا سرسید!

سرسید کے شب و روز اب اس کوشش میں صرف ہونے لگے کہ کسی طرح قوم کو اس آفت سے نجات ملے اور اس کا کھویا ہوا وقار بحال ہو۔ انہوں نے مسلمانوں کو بے قصور ثابت کرنے کے لئے کتابیں لکھیں۔ حکمرانوں کی طرف دوستی کا ہاتھ بڑھانے کو انجمنیں بنائیں مسلمانوں کو خواب غفلت سے بیدار کرنے کے لئے مضامین لکھے، انکے حوصلے بڑھانے کے لئے جابجا تقریریں کیں اور قوم سے یہ انعام پایا کہ ان پر قاتلانہ حملے ہوئے۔ کفر کے فتوے لگے۔ غداری کی تہمت لگی۔ انہیں مسلمانوں کا دشمن، انگریزوں کا پٹھو اور عیسائیوں کا طرفدار بتایا گیا مگر انہوں نے ہمت نہ ہاری۔ ایک دفعہ انہوں نے اپنے بارے میں لکھا تھا:

"وہ قومی بھلائی کا پیاسا اپنی قوم کی بھلائی کی فکر کرتا ہے، دن رات اپنے دل کو جلاتا ہے، ہر وقت بھلائی کی تدبیریں سوچتا ہے۔ ان کی تلاش میں دور دراز کا سفر اختیار کرتا

ہے۔ یگانوں بیگانوں سے ملتا ہے۔ ہر ایک کی بول چال میں اپنا مطلب ڈھونڈتا ہے۔ مشکل کے وقت ایک بڑی مایوسی سے مدد مانگتا ہے۔ جن کی بھلائی چاہتا ہے انہیں کو دشمن پاتا ہے۔ شہری وحشی بتاتے ہیں۔ دوست آشنا دیوانہ کہتے ہیں۔ عالم فاضل کفر کے فتووں کا ڈر دکھاتے ہیں۔ بھائی بند، عزیز اقارب سمجھاتے ہیں اور پھر یہ شعر پڑھ کر چپ ہو جاتے ہیں۔

وہ بھلا کس کی بات مانے ہیں
بھائی سرسید تو کچھ دوانے ہیں

یہ دیوانگی آخر کار رنگ لائی، پتھر پسیجا، لوہا پگھلا اور بہہ نکلا۔ سرسید کی پیہم کوشش سے مسلمانوں میں بیداری کے آثار پیدا ہوئے۔ نیند کے ماتے آنکھیں ملنے اور گہری نیند سونے والے کروٹیں بدلنے لگے۔ انہوں نے محنت و جفاکش کا سبق سیکھا۔ ان میں اجتماعی قوت کا احساس بیدار ہوا۔ وہ دین کے ساتھ ساتھ یہاں دنیا کی اہمیت کو بھی سمجھنے لگے۔ وہ قوم جس کے جانبر ہونے کے آثار نظر نہ آتے تھے۔ سرسید کی کوشش سے اٹھ کھڑی ہوئی اور ترقی کے راستے پر گامزن ہوگئی۔ سرسید کی یہ کوشش سرسید تحریک کہلائی اور چونکہ اس کا مرکز علی گڑھ تھا اس لئے علی گڑھ تحریک کے نام سے بھی یاد کی گئی۔ یہ دراصل ایک اصلاحی تحریک تھی۔ ہندوستانی مسلمانوں کی زندگی میں جو خرابیاں پیدا ہوگئی تھیں ان کو دور کرنا اس کا مقصد تھا، علی گڑھ تحریک کے پانچ مختلف پہلو تھے۔ تعلیم، سیاست، مذہب، ادب اور معاشرت۔ ذیل میں ان پانچوں پہلوؤں پر اختصار کے ساتھ روشنی ڈالی جارہی ہے۔

ا۔ تعلیم

سرسید کے نزدیک ہندوستانی مسلمانوں کی پسماندگی کا سبب تعلیم کی کمی تھی اور

تسلیم سے سرسید کی مراد تھی جدید تعلیم۔ وہ کہا کرتے تھے کہ تعلیم ہر مرض کی دوا ہے۔ یہ حاصل ہو تو سب کچھ حاصل ہو جاتا ہے۔ مسلمان اگر جدید تعلیم سے بہرہ ور ہو جائیں تو جن حقوق سے وہ محروم ہیں آپ سے آپ حاصل ہو جائیں گے۔ ایک تقریر میں انہوں نے کہا تھا:

"دوستو! یہ نہ کہنا کہ مجھ کو اس انگریز کے مانند جس کو صرف اموہ رنگنا آتا تھا۔ اموہ رنگ ہی بھاتا ہے۔ مگر میں سچ کہتا ہوں کہ جو چیز تم کو اعلا درجے پر پہنچانے والی ہے وہ صرف ہائی ایجوکیشن ہے۔ جب تک ہماری قوم میں ایسے لوگ نہ پیدا ہوں گے ہم ذلیل رہیں گے اور اس عزت کو نہ پہنچیں گے جس کو پہنچنے کو ہمارا دل چاہتا ہے۔"

چناں چہ سرسید نے ساری زندگی اس کوشش میں بسر کر دی کہ کس طرح مسلمان تعلیم سے بہرہ مند ہو جائیں۔ انگریزوں کے نظام کو دیکھنے اور سمجھنے کے لئے انہوں نے انگلستان کا سفر بھی کیا۔ وہ دیکھ رہے تھے کہ بنگال میں راجا رام موہن رائے کی کوشش سے جدید تعلیم کا شوق پیدا ہو چلا ہے۔ بنارس میں بھی ایک رئیس نرائن گوشال کے عطیے سے ایک انگریزی اسکول قائم ہو چکا تھا مگر مسلمانوں کے دل میں یہ بات گھر کر چکی تھی کہ جو انگریزی پڑھے گا وہ لا محالہ عیسائی ہو جائے گا۔ اس لئے سرسید کو طرح طرح کی مخالفتوں اور دشواریوں کا سامنا کرنا پڑ رہا تھا۔ پھر بھی انہوں نے ایک زبردست تعلیمی منصوبہ تیار کیا اور اللہ کا نام لے کر اس راستے پر قدم اٹھا دیا۔

علی گڑھ میں کالج کا قیام: محمدن اینگلو اورنٹیل کالج (مدرسۃ العلوم) کے نام سے علی گڑھ میں ایک کالج قائم کیا گیا جو ترقی کرتا رہا اور اب علی گڑھ مسلم یونیورسٹی کے نام سے موجود ہے۔ اس کالج میں جدید مغربی علوم اور قدیم مشرقی علوم دونوں کے شعبے الگ الگ تھے۔ پہلا شعبہ تو ترقی کرتا رہا لیکن دوسرا اچھی طرح پھل پھول نہ سکا۔ سرسید کے فرزند

جسٹس محمود کو شکاتی تھی کہ اس کی طرف خاطر خواہ توجہ نہیں کی گئی۔

مسلم ایجوکیشنل کانفرنس: علی گڑھ کالج دراصل اعلا تعلیم کے لئے قائم کیا گیا تھا سارے ہندوستان کے مسلمانوں کی تعلیمی ضرورت صرف ایک کالج سے کسی طرح پوری نہیں ہوسکتی تھی، اس لئے سرسید کا منصوبہ یہ تھا کہ ملک کے ہر شہر اور ہر قصبے میں ابتدائی تعلیم کا انتظام ہو اور اس کے لئے مدرسے قائم کئے جائیں۔ اس مقصد کو حاصل کرنے کے لئے سرسید نے پہلے محمڈن ایجوکیشنل کانگریس کے نام سے ایک ادارہ قائم کیا، پھر اس کا نام بدل کر محمڈن ایجوکیشنل کانفرنس اور آخرکار مسلم ایجوکیشنل کانفرنس کر دیا۔

اس کانفرنس کے اجلاس ہر سال الگ الگ مقامات پر ہوتے تھے اور سید اسے کامیاب کرنے کے لئے خود بہت کوشش کرتے تھے جہاں اجلاس ہونے والا ہوتا وہاں کئی دن پہلے خود پہنچ جاتے، اس علاقے کی تعلیمی حالات کا جائزہ لیتے اور رپورٹ تیار کرتے۔

یہ ادارہ نہایت اہم تھا اگر یہ ادارہ تندہی سے کام کرتا رہتا تو اس سے مسلمانوں کی تعلیمی پسماندگی کو دور کرنے میں بہت مدد ملتی لیکن افسوس ایسا نہ ہوسکا۔

سائنٹی فک سوسائٹی: سرسید جانتے تھے کہ مسلمان آسانی سے انگریزی تعلیم حاصل کرنے کے لئے تیار نہیں ہوں گے۔ اس لئے انہوں نے یہ پروگرام بنایا کہ دوسری زبانوں میں علم کے جو ذخیرے موجود ہیں انہیں اپنی زبان میں منتقل کرلیا جائے۔ چنانچہ محمڈن کالج اور مسلم ایجوکیشنل کانفرنس سے بھی پہلے انہوں نے سائنٹی فک سوسائٹی قائم کی۔ اس وقت سرسید غازی پور تھے سوسائٹی کا دفتر بھی وہیں قائم ہوا بعد کو یہ علی گڑھ منتقل ہوگیا۔

سوسائٹی نے کچھ اہم کتابوں کے ترجمے کرا کے شائع کئے مگر یہ مفید کام جاری نہیں رہ سکا۔ دراصل سرسید کو احساس ہوگیا تھا کہ ترجموں سے کام چلنے والا نہیں۔ انگریزی

زبان میں جو کتابیں موجود ہیں ان سے پورا فائدہ اسی صورت میں اٹھایا جاسکتا ہے کہ ہمارے نوجوان انگریزی زبان میں تعلیم حاصل کریں۔

ذریعہ تعلیم: شروع میں سر سید کا خیال تھا کہ مادری زبان ہی کو ذریعہ تعلیم ہونا چاہئے کیونکہ مادری زبان کے ذریعے ہر مضمون کو سمجھانا آسان ہے۔ دوسرے یہ کہ اپنی زبان میں کوئی علم حاصل کیا جائے تو طالب علم پر کم زور پڑتا ہے اور وہ کم وقت میں بہت کچھ سیکھ لیتا ہے۔ تیسری بات یہ کہ جو علم اپنی زبان میں حاصل کیا جائے وہ پوری طرح ذہن نشین ہو جاتا ہے لیکن جلد ہی اپنی رائے کو تبدیل کرنے پر مجبور ہو گئے، انہوں ے مشرقی علوم کو بھی خیر باد کہہ دیا اور مادری زبان کو ذریعہ تعلیم بنانے کا بھی خیال چھوڑ دیا۔

ہندوستانی مسلمانوں پر سر سید کا بہت بڑا احسان ہے کہ انہوں نے جدید تعلیم کی اہمیت واضح کی، جدید تعلیم کے ادارے قائم کئے اور مسلمانوں کی پسماندگی کو دور کرنے کے لئے اپنی زندگی کا ایک ایک لمحہ وقف کر دیا۔

۲۔ سیاست

سر سید پر بڑا الزام یہ ہے کہ انہوں نے انگریزی حکومت کی حمایت کی اور کانگریس کی مخالفت کی۔ یہ بھی کہا جاتا ہے کہ علی گڑھ تحریک اسی لئے وجود میں آئی کہ تحریک آزادی کی مخالفت کی جاسکے، لیکن یہ الزام درست نہیں۔ سر سید کے نقطۂ نظر کو سمجھنے کے لئے اس زمانے کے حالات کا سمجھنا ضروری ہے جن کو اختصار کے ساتھ یہاں پیش کیا جارہا ہے۔

۱۸۵۷ء کی ناکام بغاوت: ہندوستان میں انگریزوں کے خلاف نفرت بہت شدید تھی، اندر اندر لاوا پکتا رہا۔ آخر کار ہندو مسلمانوں نے مل کر بغاوت کر دی لیکن نہ تو ان کے پاس اسلحہ تھا نہ تنظیم تھی اور نہ کوئی ایسا رہنما جو انہیں صحیح راستہ دکھا سکے۔ اس لئے

بغاوت ناکام ہو گئی۔

جب یہ بغاوت ہوئی تو سر سید انگریزی سرکار کے ملازم تھے۔ انہوں نے جان پر کھیل کر انگریزوں کا ساتھ دیا اور بیسیوں انگریزوں کی جانیں بچائیں۔ امن ہو جانے کے بعد انہوں نے ایک کتاب اسباب بغاوت ہند لکھی اور یہ ثابت کیا کہ بغاوت کے ذمہ دار ہندوستان نہیں بلکہ انگریز ہیں کیونکہ انہوں نے اپنی رعایا کی شکایت کو جاننے تک کی کوشش نہیں کی۔

کچھ ہی دنوں میں یہ بات کھل کر سامنے آگئی کہ انگریز حاکم صرف مسلمانوں کو قصور وار سمجھتے ہیں، سر سید نے اپنی آنکھوں سے دیکھا تھا کہ ہندو مسلمان دونوں آزادی کی اس تحریک میں شریک تھے لیکن سارا الزام مسلمانوں کے سر آیا۔ ہزاروں بے قصوروں کو سر عام پھانسی دی گئی۔ بے شمار مسلمانوں کی جائیدادیں ضبط ہوئیں اور ان گنت مسلمان سرکاری ملازمتوں سے برطرف کر دیئے گئے۔ سر سید نے رسالہ لائل محمڈنز آف انڈیا لکھ کر یہ واضح کرنے کی کوشش کہ کہ مسلمان بھی انگریزوں اتنے ہی وفادار ہیں جتنے ہندو۔ سر سید کی خواہش یہ تھی کہ مسلمانوں پر جو مظالم ہو رہے ہیں انہیں کسی طرح روکا جائے اور حاکموں کے دل میں مسلمانوں سے انتقام لینے کی جو آگ بھڑک رہی ہے اسے ٹھنڈا کیا جائے۔

آل انڈیا کانگریس کا قیام: جس زمانے میں آل انڈیا کانگریس کمیٹی قائم ہوئی۔ یہ وہی زمانہ تھا جب سر سید انگریزوں اور مسلمانوں کے درمیان کی خلیج کو ختم کرنا چاہ رہے تھے۔ دو سال تک وہ چپ رہے اور کانگریس کی سرگرمیوں کا گہری نظر سے جائزہ لیتے رہے۔ جب انہیں اندازہ ہو گیا کہ کانگریس حکومت سے تصادم کی پالیسی پر چل رہی ہے تو انہوں

نے مسلمانوں کو کانگریس سے دور رہنے اور اپنی ساری توجہ تعلیم پر مرکوز کردینے کا مشورہ دیا۔ وہ جانتے تھے کہ مسلمان شعلہ خو ہیں۔ ۱۸۵۷ء کی طرح وہ آگے آگے ہو جائیں گے اور پھر سے انگریزوں کے عتاب کا نشانہ بنیں گے۔ سر سید کے سوچنے کا یہ انداز کم لوگوں کو پسند آیا لیکن پنڈت جواہر لال نہرو نے اسے سراہا ہے۔ ان کا خیال ہے کہ سر سید کی یہ خواہش کہ مسلمان سب کچھ بھول کر تعلیم کی طرف متوجہ ہو جائیں نہایت مناسب تھا کیوں کہ وہ اقتصادی اعتبار سے بھی اور تعلیم کے مقابلے میں بھی پسماندہ تھے اور ہندوؤں سے بہت پیچھے تھے۔

سر سید نے خود کہا ہے کہ میں آزادی کا دل دادہ ہوں اور جانتا ہوں کہ وہ دن ضرور آئے گا جب ہندوستانی خود اپنی تقدیر کے مالک ہوں گے اور اپنے لئے آپ قانون بنائیں گے لیکن ابھی وہ دن دور ہے۔ ابھی اس دن کے لئے تیاری ضروری ہے اور وہ تیاری ہے اپنے نوجوانوں کو جدید تعلیم سے آراستہ کرنا۔ سر سید کی یہ رائے درست تھی۔ مسلمان نوجوان تعلیم پانے کے بعد جوش و خروش کے ساتھ تحریک آزادی میں شریک ہوئے اور وہ مرد جہاد جس نے اس ملک کی سرزمین میں پہلی بار مکمل آزادی کا مطالبہ کیا وہ اسی درس گاہ یعنی محمڈن کالج کا فرزند حسرت موہانی تھا۔

۳۔ مذہب

علی گڑھ تحریک پر برابر بے دینی کی تہمت لگائی جاتی رہی حالانکہ اس تحریک کے بانی سر سید خود ایک دین دار انسان تھے۔ یہ درست ہے کہ ان کے مذہبی نظریات اوروں سے مختلف تھے مگر یہ بھی درست ہے کہ وہ اپنے نظریات دوسروں پر تھوپنا نہیں چاہتے تھے۔ حد یہ ہے کہ محمڈن کالج کے شعبۂ دینیات میں انہوں نے دخل دینے سے ہمیشہ

گریز کیا۔ ان کی خواہش تھی کہ یہ ذمہ داری علمائے سہارنپور قبول فرمالیں مگر وہ کسی طرح کالج سے تعاون کو آمادہ نہ تھے۔

سرسید کے دوستوں کو بھی شکایت تھی کہ وہ دینی مسائل پر اظہار خیال کرتے ہیں جس سے کالج کو نقصان پہنچتا ہے۔ ایک بار مولوی نذیر احمد نے سخت لہجے میں سرسید سے سوا کیا کہ آپ کو تہذیب الاخلاق میں لکھنے کے لئے مذہب کے سوا اور کوئی مضمون نہیں سوجھتا۔ انہوں نے جواب میں لکھا کہ ہم بھی مذہبی معاملات میں دخل دینا نہیں چاہتے مگر کیا کریں جب ہم کسی کام کے کرنے کو کہتے ہیں تو جواب ملتا ہے کہ مذہباً گناہ ہے اور جب کسی کام کے کرنے کو منع کرتے ہیں تو کہا جاتا ہے کہ مذہب کی رو سے ثواب ہے۔ مجبور ہو کر ہمیں یہ کہنا پڑتا ہے کہ جس چیز کو آپ نے مذہب سمجھ لیا ہے وہ مذہب ہے ہی نہیں۔

دوسری بات یہ کہ علی گڑھ تحریک کا زمانہ سائنس کا زمانہ تھا۔ اسوقت ہر چیز کو عقل کی کسوٹی پر پرکھا جاتا تھا اور جو چیز اس پر پوری نہ اترے اسے رد کر دیا جاتا تھا۔ اس لئے سرسید نے مذہب کو عقل کے مطابق ثابت کرنے کی کوشش کی۔ ہم اسے مثال سے واضح کرنے کی کوشش کرتے ہیں۔ انہوں نے کہا کہ دوزخ کوئی ایسی جگہ نہیں جہاں آگ دہک رہی ہو بلکہ جب انسان کوئی گناہ کرتا ہے تو آخر کار اس گناہ کے خیال سے اسے تکلیف ہوتی ہے۔ یہی دوزخ ہے، نیک کام کر کے انسان خوش ہوتا ہے۔ یہی دراصل جنت ہے۔ گویا جنت اور دوزخ صرف استعارے ہیں۔ وہ معراج کو جسمانی نہیں مانتے صرف ایک خواب بتاتے ہیں۔ وحی کے بارے میں ان کا خیال ہے کہ کوئی فرشتہ (جبرئیلؑ) خدا کا پیغام لے کر نہیں آتا تھا۔ بلکہ رسول کریمؐ کے دل میں جو بات اللہ تعالیٰ کی طرف سے آجاتی تھی اسی کا نام وحی ہے۔ سرسید کے یہ تمام خیالات مسلمانوں کے عقائد کے خلاف ہیں۔ یہی

بات ہے کہ سر سید کے مذہبی خیالات سے مسلمان اتفاق نہیں کر سکے بلکہ سر سید کے ان خیالات کے سبب قوم ان کی تعلیمی مہم سے بھی بیزار ہو گئی۔

۴۔ ادب

اردو ادب کے فروغ میں علی گڑھ تحریک کا کارنامہ نہایت عظیم الشان ہے۔ یہ اسی تحریک کا کارنامہ ہے کہ اردو نثر جس کا وجود نہ ہونے کے برابر تھا اور اردو شاعری جس کا بیشتر سرمایہ حسن و عشق کی داستان تک محدود تھا دیکھتے ہی دیکھتے اس نثر اور نظم دونوں نے ترقی کی بہت سی منزلیں طے کر لیں۔

اردو نثر: سر سید نے درست فرمایا ہے کہ اردو نثر میں لفاظی، عبارت آرائی، جھوٹ اور مبالغے کے سوا کچھ بھی نہ تھا۔ شاعری کی حالت اس سے زیادہ خراب تھی۔ اردو شاعری میں قصیدے اور غزل کے سوا اور کوئی چیز قابل ذکر نہ تھی۔ اردو قصیدہ جھوٹی خوشامد سے پُر تھا۔ اور اردو غزل عشقیہ مضامین سے باہر قدم نہ رکھتی تھی۔ سر سید نے اپنے مضامین اور تقاریر میں ان خرابیوں کی طرف بار بار اشارے کئے۔ مولانا حالی نے مقدمہ شعر و شاعری میں تفصیل کے ساتھ اس موضوع پر اظہار خیال کیا۔ غرض علی گڑھ تحریک کی بدولت اردو شعر و ادب کا تنقیدی نظر سے جائزہ لیا جانے لگا اور ایک عظیم انقلاب کے لئے راہ ہموار ہو گئی۔

سر سید خود نثر نگار تھے۔ انہوں نے عبارت آرائی اور مبالغے سے دامن بچاتے ہوئے خود مضمون لکھے۔ ادب، مذہب، سیاست، تعلیم، معاشرت، اقتصادیات تمام موضوعات پر قلم اٹھایا اور جدید اردو نثر کی بنیاد ڈالی۔ انہوں نے خود بہت کچھ لکھا اور جو اہل علم ان کے زیر اثر تھے ان سے لکھوایا۔ جن اہل قلم کی سر سید نے تربیت کی تھی

آگے چل کر انہوں نے نوجوان نثر نگاروں کی رہنمائی کی اور اردو نثر کا کارواں تیزی سے چل نکلا۔ حالی، شبلی، محسن الملک، وقار الملک اور مولوی چراغ علی نے تو سر سید کے قریب رہ کر فیض اٹھایا۔ مولانا محمد حسین آزاد نے دور رہنے کے باوجود سر سید کی رہنمائی حاصل کی۔ مولوی نذیر احمد کے اصلاحی ناول علی گڑھ اور سر سید تحریک کا ہی نتیجہ ہیں۔ مولوی ذکاء اللہ کے بیٹے مولوی عنایت اللہ، مولوی عبدالحق اور مولوی وحید الدین سلیم نے سر سید کے قدموں پر بیٹھ کر نثر لکھنی سیکھی۔

تہذیب الاخلاق: اپنے اصلاحی خیالات کو عام کرنے اور اپنے پروگرام کی اشاعت کے خیال سے سر سید نے ایک رسالہ تہذیب الاخلاق جاری کیا۔ انگلستان میں انہیں معلوم ہوا تھا کہ بہت پہلے جب وہاں بھی طرح طرح کی خرابیوں نے جڑ پکڑ لی تھی تو ایڈیسن اور اسٹیل نے اصلاح کے ارادے سے ایک رسالہ جاری کیا تھا جس کی پیشانی پر لکھا تھا " سوشل ریفارمر " اس کا ترجمہ ہوا " تہذیب الاخلاق " گویا سر سید نے اسی وقت تہیہ کر لیا تھا کہ ہندوستان واپس آ کر وہ بھی ایک اصلاحی رسالہ نکالیں گے۔

جب رسالہ جاری ہوا تو سر سید کے انقلابی خیالات سے بہت سے لوگوں نے اختلاف کیا، ہوتا یہ تھا کہ سر سید نے کوئی مضمون لکھا، ان کے کسی مخالف نے فوراً اس کا جواب لکھا۔ پھر سر سید نے فی الفور اس جواب کا جواب لکھا۔ اس طرح بے تکلف اور قلم برداشتہ نثر لکھی جانے لگی۔ بناوٹی زبان سے اردو نثر کا پیچھا چھوٹا۔ پڑھنے والوں کو قائل کرنے کے لئے مدلل نثر لکھنے کا رواج ہوا۔ اسی کو استدلالی نثر کہتے ہیں۔ اردو میں جس کی شروعات کا سہرا سر سید اور علی گڑھ تحریک کے سر ہے۔ اس تحریک کے اثر سے ایک بناوٹی زبان علمی زبان بن گئی۔

اردو شاعری: سرسید جانتے تھے کہ دنیا میں شاعری سے بڑے کام لئے گئے ہیں حالی نے تو مقدمہ شعر و شاعری میں اس کی کئی مثالیں بھی پیش کی ہیں۔ سرسید کی خواہش تھی کہ اردو شاعری مفید اور کارآمد ہو۔ سوتی ہوئی قوم کو بیدار کرنے میں مدد دے اور زندگی کو بہتر بنانے کا فریضہ ادا کرے۔ وہ کہا کرتے تھے "کاش کوئی شاعر ایسی نظم لکھتا جس سے سوتی ہوئی قوم جاگ اٹھتی" آخر حالی نے سرسید کی یہ فرمائش پوری کی، انہوں نے ایک مسدس لکھی جس کا نام تھا" مدوجزر اسلام" قوم کو ترقی کے لئے آمادہ کرنا اس نظم کا مقصد تھا۔ سرسید کہا کرتے تھے اللہ تعالیٰ قیامت کے دن سوال کرے گا کہ تو نے دنیا میں کیا تو جواب دوں گا۔ حالی سے یہ نظم لکھوائی۔ بس اسی سے میری بخشش ہو جائے گی۔

آگے چل کر اقبال نے قوم کی بہتری کے لئے جو شاعری کی اس سے سرسید کے خواب کی تعبیر کہنا چاہئے۔ مختصر یہ کہ سرسید اور علی گڑھ تحریک نے اردو شعر و ادب کی دنیا میں ایک عظیم انقلاب برپا کر دیا۔ اس تحریک کا یہ سب سے بڑا کارنامہ ہے۔

۵۔ اصلاح معاشرت

وہ زمانہ ہماری قوم کی پستی اور بدحالی کا زمانہ تھا۔ کوئی عیب ایسا نہ تھا جو ہماری قوم میں نہ پایا جاتا ہو۔ ان سماجی خرابیوں کی فہرست اتنی لمبی ہے کہ اس مضمون میں ان سب کا گنانا ممکن نہیں۔ بہر حال ان میں سے چند کا یہاں اختیار کے ساتھ ذکر کیا جاتا ہے۔

جہالت: سب سے بڑا عیب یہ تھا کہ جہالت مسلمانوں میں عام تھی۔ جو تعلیم سے محروم ہو وہ یہ سمجھ ہی نہیں سکتا کہ اچھا کیا ہے اور برا کیا ہے۔ سرسید کو یقین تھا کہ جہالت دور ہو جائے تو سارے عیب دور ہو جائیں گے، چنانچہ انہوں نے اسی پر زور دیا، علی گڑھ تحریک اسی لئے وجود میں آئی تھی کہ اس عیب کو دور کیا جائے۔

کاہلی: یہ بہت بڑا عیب ہے اور اس نے بڑے بڑے ملکوں اور بڑی بڑی قوموں کو برباد کیا ہے، جو ہاتھ پاؤں نہیں ہلاتے ان کا انجام تباہی ہوتا ہے۔ کاہلی صرف یہی نہیں کہ آدمی ہاتھ پاؤں سے کام نہ لے بلکہ اپنے مسائل پر غور نہ کرنا بھی کاہلی ہے۔ سرسید اور علی گڑھ تحریک نے قوم کو عمل اور جدوجہد کی طرف متوجہ کیا۔

طرز گفتگو: اچھے انسان کی ایک پہچان یہ بھی ہے کہ وہ اچھے انداز سے گفتگو کرتا ہو۔ گالی گلوچ اور بدزبانی سے بچنے اور شائستہ مہذب طریقے سے گفتگو کرنے سے انسان کو عزت ملتی ہے۔

کھانے کے آداب: اسلام نے کھانے کے آداب پر بہت زور دیا ہے مگر ہم نے اس طرف خاطر خواہ توجہ نہیں کی۔ سرسید نے اس موضوع پر ایک رسالہ بھی لکھا۔ انہوں نے بتایا کہ سالن میں انگلیاں ڈالنا، پھر ان انگلیوں کو چاٹنا، کھانے کے بعد کھانس کھانس کر بلغم نکالنا، ہڈیاں چھوڑ کر دستر خوا پر رکھتے جانا ایسی عادتیں ہیں جن سے دیکھنے والوں کو گھن آتی ہے، سرسید کے بعد بھی علی گڑھ نے کھانے کے آداب پر بہت زور دیا۔

خوشامد، بحث و تکرار، ریاکاری، ظاہری داری، قومی نفاق، تعصب اور بری رسموں کو ترک کرنے کا ہمیشہ سرسید نے مشورہ دیا۔ تہذیب الاخلاق نے اس سلسلے میں بہت بڑی خدمت انجام دی اور لوگوں کے دلوں میں ان عیبوں کو دور کرنے کی خواہش پیدا کردی۔

غرض یہ کہ ہماری زندگی کا کوئی شعبہ ایسا نہیں جو سرسید اور علی گڑھ تحریک کے احسان سے گراں بار نہ ہو۔ اس تحریک نے بے عملوں کو جہد و عمل کا درس دیا۔ ماضی کے پرستاروں کو حال کی اہمیت سے آشنا کیا۔ تنگ نظروں کو وسعت نظر سکھلائی، بزرگوں

کے کارناموں پر فخر کرنے والوں کو اپنی ذات میں خوبیاں پیدا کرنے پر آمادہ کیا۔ مشرق کے پجاریوں کو مغرب کے کارناموں سے آشنا کیا۔ دنیا کو بے حقیقت جاننے والوں کو دنیا میں نیکی کمانے اور آخرت کے لئے توشہ جمع کرنے کا راستہ دکھایا۔ اس عظیم الشان تحریک نے سوتوں کو جگایا اور مردوں میں جان ڈالی۔ مختصر یہ کہ سرسید اور علی گڑھ تحریک نے ہندوستانی مسلمانوں کو زندہ قوموں کی طرح زندگی گزارنے اور سربلند ہو کر جینے کا سلیقہ سکھایا۔

ماخوذ از مجلہ :
سہ ماہی "ادیب" (خصوصی شمارہ : اردو زبان و ادب کا تاریخ نمبر، جولائی تا دسمبر ۱۹۹۳)
مدیر و مرتب : ڈاکٹر مرزا خلیل احمد بیگ

* * *

شہر بنارس کے مختلف نام

مولانا عبدالسلام نعمانی مجددی

شہر بنارس

دریائے گنگا کے کنارے ہلالی شکل میں بسا ہوا ہے۔ اور برنا کے سنگم سے اسی گھاٹ تک تقریباً دس کلومیٹر کی لمبائی میں آباد ہے۔ برنا اور اسی کے درمیان ہونے کی وجہ سے اس کا نام "بارانسی" تھا جو بگڑ کر وارانسی ہو گیا۔ اب حکومت نے دوبارہ قدامت پسندی کی طرف رجوع کرتے ہوئے بنارس کا نام وارانسی رکھ دیا ہے۔ گو اس نام کو پہلے بھی شہرت حاصل نہ ہو سکی۔ لیکن زمانۂ گذشتہ میں جو تاریخیں مرتب ہوئیں، ان میں بھی بنارس کا تذکرہ وارانسی یا بارانسی ہی کے نام سے ہے۔ دارالمصنفین اعظم گڑھ میں موجود ایک قلمی مخطوطہ 'چچ نامہ' (ص:۲۳) میں بھی بارانسی ہی کے نام سے اس کا ذکر ہے۔

(کتاب 'چچ نامہ' راجا داہر (مقتول ۹۳ھ) کے والد راجا چچ (مقتول ۵۵ھ) کی سوانح حیات پر مشتمل ہے)۔

دہلی سے بنارس ۷۷۲ کلومیٹر اور بنارس سے کلکتہ ۶۷۸ کلومیٹر ہے۔ لکھنؤ ۲۸۶ اور الہ آباد ۱۲۲ کلومیٹر کے فاصلہ پر ہے۔ اوپر فراہم شدہ نقشے کے ذریعہ بنارس کے محل و قوع کا صحیح اندازہ لگ سکے گا۔

یہ شہر اپنے محل و قوع کے اعتبار سے ہندوستان کا ایک اہم اور مرکزی شہر ہے۔

دہلی اور کلکتہ یا لکھنؤ اور پٹنہ کے درمیان وارانسی کا اسٹیشن ہے اور مغل سرائے اس کا ایک مرکزی اور ایشیا کا سب سے بڑا جنکشن ہے جہاں سے دہلی اور کلکتہ یا لکھنؤ، پٹنہ، الہ آباد اور بمبئ کو جانے والی تمام ریل گاڑیاں گزرتی ہیں۔

بنارس، اترپردیش کی مشرقی سرحد پر اس صوبہ کا آخری ضلع ہے جو بہار کی سرحد سے ملا ہوا ہے۔ (۱۹۹۷ء میں گنگا کے اس پار کے جزو حصہ کو چھوڑ کر بقیہ چندولی تک کا علاقہ بنارس ضلع سے علیحدہ کر کے چندولی کو خود مستقل ضلع بنا دیا گیا ہے)۔ کرم ناساندی بنارس اور بہار کو الگ کرتی ہے۔ ضلع بنارس کے پورب جی۔ٹی۔ روڈ پر کرم ناسا کا ایک تاریخی پل ہے جس کا نام "صراط مستقیم" ہے۔ اس پل کو مہاراجا بینی مل بہادر متوطن شاہجہاں آباد نے لارڈ ولیم کے زمانے میں ۱۲۴۷ھ (مطابق ۱۸۳۱ء) میں تعمیر کرایا۔ اس پل پر فارسی زبان میں ایک کتبہ بھی لگا ہوا ہے۔

بنارس کا نام وارانسی پڑنے کی وجہ یوں بیان کی جاتی ہے کہ برہما نے جب اپنی برتری جتانے کے لیے ایک سر اور بڑھا کر پانچ سر کر لیے تو شیو جی کو طیش آگیا، انہوں نے پانچواں سر قلم کر دیا۔ لیکن شیو جی ایسا کر کے گناہ کبیرہ کے مرتکب ہوئے اور اپنے اس گناہ کو دھونے کے خیال سے وہ دریائے گنگا کے کنارے ایک مقام پر پہنچے جہاں انہوں نے اپنا خون اور دامن دھو کر مکتی حاصل کی۔ اسی وجہ سے اس جگہ کا نام وارانسی پڑ گیا جس کا مطلب ہے: "گناہوں کو دھونے والا"۔

اس شہر کو مختلف دور میں مختلف نام سے یاد کیا گیا ہے جن میں چند نام درج ذیل ہیں:

کاشی:

یہ اس شہر کا دوسرا نام ہے جو بڑا متبرک اور قدیم ہے۔ یہ لفظ "کاش" سے بنا ہے جس کے معنی روشن اور درخشاں کے ہیں۔ ہندوؤں کے عقیدے کے مطابق سچی معرفت

اور نور حاصل کرنے کے لیے کاشی ایک بہترین جگہ ہے جس کی تصدیق اپنشدوں (وید کی کتابوں) سے ہوتی ہے۔

یہ تو بہر حال عقیدے کی بات تھی، کاشی نام پڑنے کی دوسری وجہ یہ بھی بتائی جاتی ہے کہ راجا دیوداس کے خاندان میں راجا پورن تھا۔ اس کے پڑپوتے راجا کاش نے اس شہر کو بہت ترقی دی، اس لیے یہ شہر اس کے نام سے موسوم ہو گیا۔ راجا کاش کی حکومت دور دور تک پھیلی ہوئی تھی۔ بارہ (۱۲) سو سال قبل مسیح اس کا دورِ حکومت ہے۔ الہ آباد کے قریب پرستھان پور جس کو اب جھونسی کہتے ہیں، اس کا قلعہ تھا اور دارالسلطنت بارانسی کے نام سے مشہور تھا جس کو لوگ بنارس کہنے لگے۔

ایک وجہ تسمیہ یہ بھی بیان کی جاتی ہے کہ ۱۲۰۰ ق۔م میں اس شہر کے راجاؤں کا خاندان "کشا" تھا، ان کی رعایا اور ان کی نسلوں کو بھی کشا کہا جاتا تھا، ان کی اس شہر میں آبادی اور حکومت کی بنا پر اس شہر کا نام 'کاشی' کہلایا۔ یعنی کشا خاندان کے ہونے کی جگہ۔ سنسکرت کی مشہور کتاب 'ہری ونش پران' (ہندوؤں کی ایک مذہبی کتاب جس کے مصنف ان کے مذہبی پیشوا وید بیاس جی ہیں) سے کچھ ایسا ہی معلوم ہوتا ہے۔

دھنک آکار:

سنسکرت میں دھنک کمان کو کہتے ہیں جو بالکل ہلالی شکل میں ہوتا ہے۔ چونکہ دریا گنگا کے کنارے یہ شہر بالکل ہلالی شکل میں آباد ہے، اس لیے یہ نام پڑ گیا۔

محمد آباد:

یہ نام اورنگ زیب نے اپنے جلوس سلطنت ۱۰۶۸ھ (مطابق: ۱۶۵۸ء) کے موقع پر رکھا تھا۔ قدیم کاغذات اور اورنگ زیب کے شاہی فرامین میں کثرت سے لکھا ہوا یہ نام موجود ہے۔ شاہی عمارتوں کے کتبات میں بھی یہی نام درج ہے۔ اور یہ نام ان سکوں پر

بھی موجود ہے جو بنارس کے دارالضرب (ٹکسال) میں ڈھالے گئے تھے۔

اسلام آباد:

مسجد دائم خاں، واقع اردلی بازار وارانسی کے کتبہ میں 'عبادت خانہ اسلام آباد' لکھا ہوا ہے جس سے ظاہر ہوتا ہے کہ کبھی اس شہر کا یہ نام بھی تھا، گو اس کی شہرت نہ ہو سکی۔

دیگر صفاتی نام:

قدیم ہندو روایتوں میں بنارس کے درجنوں صفاتی نام ملتے ہیں۔ علام الہندی نے بنارس پر تحریر کردہ اپنے ایک ہندی رپورتاژ میں اس کے بہت سے ناموں کا ذکر کیا ہے، جن میں۔۔۔

کاشی پوری، سردھن، اوِمکت شیتر، رودراواس، سُدرشن آنند کانن، آنند وَن، اَپُنر بَھوَ بھومی، پشپ وتی، رم نگرم اور مہا اشمشان وغیرہ۔

اسمائے خاص ہیں اور ہندی و سنسکرت ادب میں انہیں متعدد بار استعمال کیا گیا ہے۔ لیکن ان ناموں کا استعمال صرف ادبی سطح پر رہا ہے۔ عوام کی زبان پر سوائے کاشی، کاشی پوری، بنارس، بارانسی اور وارانسی کے کوئی اور نام کبھی بھی نہیں چڑھ سکا۔

ماخوذ از کتاب: تاریخ آثارِ بنارس

مرتب: مولانا مفتی عبد السلام نعمانی مجددی

***

برصغیر ہندوپاک کی جھیلیں اور دریا

ہندوستان میں گنتی کی چند اور وہ بھی چھوٹی جھیلیں ہیں۔ ان میں سے دو قطعات مرتفعہ پر اور دو پایاب جھیلیں مشرقی ساحل پر واقع ہیں۔

۱۔ جھیل وولر:

سمندر کی سطح سے ۵۱۸۰ فٹ بلند، کشمیر میں بارہ مربع میل کے رقبہ پر پھیلی ہوئی ہے۔ مگر طغیانی کے زمانے میں اس کا پھیلاؤ، سو(۱۰۰) مربع میل ہو جاتا ہے۔ دریائے جہلم اور بعض پہاڑی ندیوں کا پانی اس میں شامل ہو گیا ہے۔ اور اس کے گرد کا منظر نہایت دلکش ہے۔

۲۔ جھیل کولر:

احاطۂ مدراس کے شمال اور گوداوری اور کرشنا کے دہانوں کے درمیان واقع ہے۔ پوری بھر جانے کی حالت میں اس کی وسعت سو(۱۰۰) مربع میل ہو جاتی ہے۔ اس میں چند پہاڑی ندیاں آکر گرتیں اور اپنی گاد اور مٹی لا لا کر ڈالتی ہیں۔ مرغابیوں کی یہاں کثرت ہے اور مچھلیاں بھی خوب ہیں، جھیل کے بیچ میں متعدد چھوٹے چھوٹے سرسبز ٹاپو واقع ہیں، اور ان پر چوبیس، پچیس گاؤں آباد ہیں۔

۳۔ جھیل چلکا:

شہر پری کے قریب اڑیسہ میں پایاب جھیل چلکا واقع ہے۔ یہ ساحل سے اس قدر

متصل چلی جاتی ہے کہ اکثر مقامات پر دو سو گز سے بھی کم عرض کے ٹیلے اس کے اور خلیج بنگال کے درمیان حائل ہیں اور اسی وجہ سے اسے 'بند خلیج' بھی کہہ سکتے ہیں۔ جھیل کی لمبائی ۴۴ میل اور چوڑائی بالاوسط بیس میل ہے لیکن گہرائی صرف تین فیٹ سے پانچ فیٹ تک۔ برسات میں جب ہوائے برشگال آتی ہے تو اس کا پانی شیریں ہوتا ہے، لیکن گرمی میں کھارا، مرغابیوں کی یہاں بھی کثرت ہے۔

۴۔ جھیل سانبھر:

مغربی راجپوتانے میں اجمیر سے پچاس میل شمال مشرق کی طرف نمک کی مشہور جھیل سانبھر واقع ہے۔ سمندر کی سطح سے اس کی بلندی بارہ سو فیٹ کے قریب، اور اس کا رقبہ تقریباً ۹۰ مربع میل ہے۔ اس میں جو ندیاں گرتی ہیں وہ شورے کی زمین پر سے بہتی ہوئی آتی ہیں، اور جھیل کی سطح پر نمک کا ایک پتلا چھلکا بن جاتا ہے۔ لاکھوں روپے کا لاکھوں ہی من نمک اس جھیل سے ہر سال نکالا جاتا ہے۔

ہندوستان کے دریا

ہندوستان کے دریاؤں کو تین قسموں میں تقسیم کیا جا سکتا ہے کیونکہ جن کوہستانوں سے دریا نکلتے ہیں ان کے بھی بڑے بڑے تین سلسلے ہیں، یعنی:

(۱) کوہستان ہمالیہ کے دریا جو ہمالیہ ہندوستان کے شمال مشرق یا شمال مغرب میں ہمالیہ کی پھیلی ہوئی شاخوں سے نکلتے ہیں۔

(۲) وہ دریا جن کا منبع بندھیاچل یا اسی سلسلے کے پہاڑوں میں ہے۔

(۳) مغربی گھاٹ کے دریا۔

ان میں سب سے بڑے ہمالیہ کے دریا ہیں کیونکہ بارش کے پانی کے علاوہ ان میں

برف بھی پگھل پگھل کر آتی ہے۔ دوسرے دو دریاؤں یعنی سندھ اور برہم پتر میں ہمالیہ کے دونوں کی طرف کی ڈھلانوں سے پانی بہہ بہہ کر آتا ہے کیونکہ ان کی گزر گاہ پہاڑ کے شمال میں بھی ہے اور پھر دوسری طرف جنوب میں بھی۔

باقی دو گروہوں کے دریا جو جزیرہ نمائے ہند میں بہتے ہیں ایسے پہاڑوں سے نکلے ہیں جن پر برف نہیں ہوتی۔ اس لئے ان میں بارش کا پانی اور وہ بھی پہاڑوں کے صرف ایک رخ کا جدھر سے وہ نکلتے ہیں جمع ہو کر بہتا ہے۔

دریا کی گزر گاہ کے بالائی وسطی اور زیریں حصوں کا فرق ہندوستان، خصوصاً ہمالیہ کے دریاؤں میں بخوبی نمایاں ہے۔ ان کی بالائی گزر گاہ نہایت بلند پہاڑوں میں ہوتی ہے حتی کہ بعضوں کا منبع سیل ہائے یخ میں سمندر کی سطح سے دس تا سترہ ہزار فیٹ کی بلندی پر ہے اور وہاں سے وہ نہایت تیزی کے ساتھ ان دروں اور تنگ راستوں سے، جو ان کے بہاؤ نے ٹھوس چٹانوں میں کاٹ کاٹ کر بنائے ہیں، میدانوں میں پہنچتے ہیں۔ اور یہاں بھی ان کے بہاؤ کا زور اپنی گزر گاہوں کو کاٹتا اور چوڑا کرتا رہتا ہے۔ اسی کے ساتھ وہ اپنی تہ کو بھی گہرا کرتے جاتے ہیں، اور ان کے تیز بہاؤ میں بہت سے پہاڑوں کے کنکر پتھر بھی بہہ بہہ کر میدانوں تک پہنچتے ہیں۔ پہاڑوں پر ان کی بالائی گزر گاہ زمانہ ہائے دراز تک یکساں رہتی ہے اور بدل نہیں سکتی۔ اور اگر راستے میں کوئی نشیب آجاتا ہے تو اسے وہ اپنے پانی سے بھر کر اور چوڑا کر دیتے ہیں اور وہاں ایک چوڑی وادی یا جھیل بن جاتی ہے۔ چنانچہ خود وادی کشمیر اور صوبہ متحدہ میں نینی تال کی جھیل اسی طرح دریا کی گزر گاہوں نے بنادی ہیں۔

ہندوستان کا سب سے مشہور و مقدس دریا "گنگا" ہے جو ہندوستان کے میدانوں

میں ۱۵۵۷ میل تک بہہ کر خلیج بنگالہ میں آگرتا ہے۔ اس کے گرد چار لاکھ مربع میل کے رقبے میں جو پانی برستا ہے وہ تمام، سوا اس حصے کے جو زمین میں جذب ہو جائے، ندی نالوں کے ذریعہ بہہ کر گنگا میں پہنچ جاتا ہے۔ اس تمام رقبے کو (جس کا پانی اس طرح بہہ بہہ کر کسی دریا میں پہنچ جائے) دریا کا "تگاب" یا "آب گیر" کہتے ہیں۔

سطح بحر سے تیرہ ہزار فیٹ کی بلندی پر برف کی تین سو فیٹ موٹی اور منجمد تہہ میں "گئو مکھ" دریائے گنگا کا منبع ہے اور اس مقام کا نام 'گنگوتری' ہے۔ جو صوبہ جات متحدہ کی ایک چھوٹی سی دیسی ریاست 'تہری گڑھوال' کے علاقہ میں واقع ہے۔ اس جگہ گنگا کا نام "بھاگیرتی"، اور تھوڑی دور آگے چل کر جب وہ منصوری کی پہاڑیوں کے پیچھے، 'الک نند' ندی سے مل کر آگے بڑھتی ہے تو اسے "گنگا" یا ازرہ ادب، "گنگا مائی" کہتے ہیں۔ الک نند ندی بھی 'گئو مکھ' کے قریب ہی کیدرا ناتھ کے پہاڑوں سے نکلتی ہے جس کی چار سر بہ فلک چوٹیاں تصویروں میں برف سے مستور نظر آتی ہیں۔

گنگا کا منبع: گنگوتری

گنگا کے منبع سے ہردوار تک ۱۸۰ میل کا فاصلہ ہے اور بلندی کے اعتبار سے یہ مقام 'گئو مکھ' سے ایک ہزار فیٹ نیچا ہے۔ لہذا یہاں تک گنگا پہاڑی رو کی طرح نہایت تیز بہتی ہوئی آتی ہے۔ لیکن اس کے آگے تقریباً ایک ہزار میل یعنی مقام راج محل واقع بنگالہ تک جو اس کی گزرگاہ کی وسطی منزل سمجھنی چاہیئے، یہاں پہنچ کر گنگا، ایک ذخار دریا بن گئی ہے۔ اور طغیانی کے زمانے میں ہر ثانیے پر اس کا بیس لاکھ مکعب فٹ پانی اس مقام سے گزرتا رہتا ہے۔ یہاں سے اس کے دہانے یا سمندر تک چار سو میل کا فاصلہ اور گزرگاہ کی گویا منزل زیریں ہے۔ خاص دہانے پر اس کا وسیع اور دو سو میل چوڑا ڈیلٹا قریب قریب

سارے ساحل بنگالہ پر پھیلا ہوا ہے۔

دریائے گنگا کی عظمت و وسعت کا اندازہ اس امر سے ہو سکتا ہے کہ اپنے منبع سے صرف دو سو میل چل کر یعنی میدانی علاقے میں داخل ہوتے ہی اس کا پاٹ جہاز رانی کے قابل ہو گیا ہے، اور اس سے متعدد نہریں نکال کر 'صوبہ جات متحدہ' کے اکثر حصوں میں آب پاشی ہوتی ہے۔ اس کے کناروں کو ہندو نہایت مقدس زمین جانتے ہیں، اور ان کے اکثر مقامات پر اشنان کی غرض سے گھاٹ تعمیر کئے گئے ہیں کہ لوگ سہولت کے ساتھ گنگا کے متبرک پانی میں غسل کر سکیں۔

جس مقام سے گنگا شاخوں میں بٹی، یا اس کا ڈیلٹا شروع ہوتا ہے وہ سمندر سے تقریباً تین سو میل کے فاصلے پر ہے۔ ان میں اس کی مغربی شاخ کا نام 'ہگلی' ہے جو کہ جہاز رانی کے واسطے سب سے زیادہ موزوں ہے۔ مگر گنگا کی اصلی دھار کا نام پدما ہو جاتا ہے اور اسی کا سب سے بڑا مشرقی دہانہ میگھنا ہے جہاں دریائے برہم پتر، پدما سے آ ملتا ہے اور یہاں مل کر ان دونوں کا پاٹ تیس میل عریض ہو گیا ہے اگرچہ اس کی گہرائی دس گز سے زیادہ نہیں ہے۔ بہر حال میگھنا اور ہگلی گویا وہ حدود ہیں جن کے درمیان گنگا کا ڈیلٹا واقع ہے۔

خاص خاص ندیاں جو گنگا سے آن کر ملتی ہیں، یہ ہیں:

بائیں کنارے سے گومتی، گاگرا (جسے کرنالی بھی کہتے ہیں)، راپتی، گنڈک، بھاگ متی اور کوسی یا دائیں کنارے سے سون اور جمنا مع اپنے معاون چنبل کے۔

ان میں جمنا بجائے خود ایک بڑا دریا ہے جو ۸۶۰ میل تک تنہا بہنے کے بعد الہ آباد پر گنگا سے آ ملا ہے اس کا منبع بھی تہری گڑھوال کے علاقے میں ایک برفانی چوٹی کے قریب ہے جہاں سے نوے میل تک شوالک کی پہاڑیوں میں پیچ و خم کھانے کے بعد وہ میدانی

علاقے میں نمودار ہوتی ہے اور یہیں اس کی گزر گاہ کی وسطی منزل شروع ہوئی ہے۔ پہلے وہ جنوب کی طرف بڑھ کر ایک بڑا دریا بن گئی ہے اور اس سے دو نہریں نکالی گئی ہیں۔ پھر کچھ دور تک وہ صوبہ جات متحدہ اور پنجاب کی سرحد بناتی ہے اور شہر متھرا سے کچھ اوپر مشرق میں مڑ کر صوبہ جات متحدہ کے اندر بہتی ہوئی گنگا میں جاملی ہے۔ اس کے جنوب سے چنبل ندی اور بٹوا، مالوے کی سطح مرتفع اور 'ارولی پربت' کا پانی جمع کر کر کے لاتیں اور اس میں آملتی ہیں۔ ہندوستان کے کئی بڑے شہر یعنی دہلی، متھرا، آگرہ، الہ آباد، جمنا کے کنارے پر آباد ہیں اور اس کے اوپر کئی جگہ ریل کے پل باندھے گئے ہیں جن میں الہ آباد کا پل ۳۲۰۰ فیٹ لمبا ہے۔

ہندوستان کا سب سے لمبار دریا سندھ یا اٹک ہے جو تبت کے علاقے سے نکلتا اور ریاست کشمیر، صوبۂ سرحدی، پنجاب، اور سندھ سے گزرتا ہوا بحیرہ عرب میں آگرا ہے۔ اس کا طول ۱۸سو میل اور منبع کوہ کیلاش ہے جو جھیل مان سروور کے قریب ۱۶سو فیٹ کی بلندی پر واقع ہے۔ یہ دریا ایک سو ساٹھ میل تک، 'سنگھ کا باب' کہلاتا اور اول اول تبت کی وسیع شمالی وادی کے ساتھ ساتھ شمال مغرب کے رخ بہتا ہے، پھر ہمالیہ کی سربہ فلک چوٹی نانگا پربت کے گرد چکر کھاکے جنوب مغرب کو سمندر کی طرف مڑ گیا ہے۔

اس طرح آٹھ سو میل تک اس کی گزر گاہ کوہستان ہمالیہ میں اور باقی ایک ہزار میل تک وادی سندھ یا میدانی علاقے میں ہے۔ اپنے منبع سے گیارہ سو میل طے کر کے وہ مقام اٹک پر صوبۂ پنجاب میں داخل ہوتا ہے اور یہاں وہ اپنے منبع کی نسبت سولہ ہزار فیٹ نشیب میں ہے گویا ہر میل پر پندرہ فیٹ نیچا ہوتا گیا ہے اور اس سبب سے اس کا بہاؤ اس قدر تیز ہے کہ ہر جگہ اس نے پہاڑوں میں کٹاؤ ڈال کر نہایت عمیق کھائیاں بنادی

ہیں۔ ایک مقام پر وہ ایسی تنگ نالے سے گزرتا ہے جس کے پہاڑی کنارے دونوں طرف چودہ ہزار فیٹ بلند ہیں، حقیقت میں جیسی گہری وادی اس دریا نے کوہستان ہمالیہ میں کاٹ دی ہے ایسی دنیامیں اور کہیں نہیں دریافت ہوئی۔

دریائے سندھ کے معاون بہت ہیں، اس کے مشرقی یا بائیں کنارے سے پنجاب کے پانچوں دریا جہلم، چناب، راوی، ستلج اور بیاس ملتے ہیں۔ اور دوسری طرف سے دریائے کابل شیوک اور کوہ سفید و سلیمان کی بہت سی ندیاں کرم، گومل، ٹوچی بولان وغیرہ اس میں آملی ہیں۔ مگر پنجاب کے پانچوں دریا اس میں آگرنے سے پہلے آپس میں مل گئے ہیں اور ان کا ملنے کے بعد "پنج ند" نام ہو جاتا ہے۔ دریائے سندھ سے ان کا سنگم مٹھن کوٹ کے مقام پر ہوتا ہے جو سندھ کے دہانے سے ۴۹۰ میل شمال میں واقع ہے۔

مقام اٹک پر دریائے کابل تمام افغانستان کا پانی جمع کر کے لاتا اور سندھ سے آملتا ہے۔ اس مقام سے سمندر یعنی ۹۶۰ میل تک سندھ میں جہاز رانی ہو سکتی ہے۔ یہاں بھی دریا کی تہ سطح سمندر سے دو ہزار فیٹ اونچی ہے اور اس کے اوپر لاہور سے پشاور جانے والی ریل کا پل بنایا گیا ہے۔

دریائے سندھ کا ڈیلٹا ۱۲۵ میل تک ساحل پر پھیلا ہوا ہے اور اس کی اصلی دھار اپنی گزرگاہ اکثر بدلتی رہتی ہے۔ وادی سندھ میں بارش کا سالانہ اوسط دس انچ سے زیادہ نہیں ہے اور اس کا آخری حصہ صحرا میں ہے جسے اب نہریں کاٹ کاٹ کر آب پاشی کے وسائل سے قابل زراعت اور ایک حاصل خیز زمین بنالیا ہے۔ اور وہ رقبہ جس میں سندھ کے پانی سے آب پاشی ہوتی ہے چھ ہزار مربع میل ہے۔

کوہستان ہمالیہ کا تیسرا بڑا دریا برہم پتر ہے اور یہ بھی جھیل مان سرووَر کے قریب

سمندر کی سطح سے سولہ ہزار فیٹ کی بلندی سے نکلتا ہے، ۸۶۰ میل تک وہ وادی تبت کے بالائی حصے کے ساتھ ساتھ مشرق کی جانب بہتا اور اپنے تبتی نام "نسان پو" سے موسوم ہوتا ہے، پھر ہمالیہ کے مشرقی سرے کے گرد چکر کھاکے وہ آسام میں جنوب کی طرف مڑ جاتا ہے۔ اس کے اس موڑ کا نام 'دھانگ' ہے یہاں سے ۴۵۰ میل تک اس کے بہاؤ کا رخ مغرب کی طرف رہتا ہے اور یہاں جنوب سے آسام کی پہاڑیوں کا اور شمال سے ہمالیہ کے اس مشرقی حصے کا تمام پانی بہہ کر اس میں شامل ہو جاتا ہے۔ آسام میں اس کا نام برہم پتر ہے مگر آسام کی پہاڑیوں سے گزر کر جب ۱۵۰ میل تک وہ جنوب کی طرف بہتا ہے تو وہاں اسے 'جمونا' کہتے ہیں، یہاں تک کہ 'گولندو' کے مقام پر وہ گنگا یا پدما سے آملا ہے۔ اور یہاں سے یہ دونوں دریا مل کر میگھنا کہلاتے اور خلیج بنگالہ میں جاگرتے ہیں۔

برہم پتر کے ایسے بڑے بڑے معاون نہیں جیسے کہ سندھ یا گنگا کے ہیں۔ تاہم سبان سری، ماناٹس، تستا دائیں کنارے سے اور دھنگ، دھن سری اور کالانگ ندیاں بائیں کنارے سے اس میں آکر ملتی ہیں اور دبرو گڑھ سے سمندر تک آٹھ سو میل اس کا پاٹ قابل جہاز رانی ہے۔ سادیا، دبرو گڑھ، گوہاٹی اور گول پاڑا اس کنارے کے مشہور مقامات ہیں اور آسام خاص کا وہ تمام علاقہ یا وادی جو آسام کی پہاڑیوں کے شمال میں واقع ہے اسی دریا کی مٹی اور گاد سے بنی ہے۔

شمالی ہندوستان کے دریاؤں کے بعد اب ہم وسط ہند کے دریاؤں کا ذکر کرتے ہیں۔ ان میں سب سے بڑا "نربدا" ہے جو ست پڑا پہاڑ کے شمال مشرقی گوشے، یعنی امر کنٹک کی سطح مرتفع سے شروع ہوتا ہے اور آٹھ سو میل تک جانب مغرب بہہ کر خلیج کمبے میں آگرتا ہے۔ جبل پور کے قریب اس کی گزرگاہ صرف بیس گز چوڑی ایک پہاڑی تنگ نائے

ہے، جسے عرف عام میں 'مرمر کی پہاڑی' کہتے ہیں۔ اس کی وسطی گزر گاہ اس تنگ اور سرسبز وادی میں ہے جو اس کے نام سے موسوم اور اسی کی لائی ہوئی گاد سے معمور ہے۔ اپنے آخری حصے میں ۱۷۰ میل تک وہ احاطۂ بمبئی سے گزرتا ہے، اور دہانے کے قریب شہر بڑوچ کے جنوب میں اس کی سترہ میل چوڑی کھاڑی بن گئی ہے۔ نربدا کو عام طور پر ہندوستان کی جنوبی سرحد سمجھتے ہیں جس کے آگے جزیرہ نمائے دکن شروع ہو جاتا ہے۔

صوبہ جات متوسط کا دوسرا دریا "تاپتی" ہے جو ست پڑا سے نکل کر اسی پہاڑ کے دامن میں بہتا ہوا سورت کے قریب خلیج کمبے میں آ گرا ہے۔ ۱۵۰ میل تک اس دریا کی گزر گاہ ایک سنگستانی وادی میں ہے، مگر حصہ زیریں اس زرخیز اور گاد ملے میدان میں ہے جو اسی کی پہاڑیوں سے لائی ہوئی گاد سے بنا ہے۔ سمندر سے صرف بیس میل اوپر تک، اس میں جہازرانی ہو سکتی ہے اور سورت کے قریب اس پر بمبئی، بڑودہ کا اور بھساول پر گریٹ انڈین پنن سلار ریلوے کا پل بنا ہوا ہے۔

مہاندی:

میکال کی پہاڑیوں سے مہاندی نکلی ہے اور یہ جانب مشرق ۵۵۰ میل بہہ کر کٹک کے قریب خلیج بنگالہ میں جا گرتی ہے۔ اس کی نصف گزر گاہ صوبہ جات متوسط اور نصف اڑیسہ میں ہے اور یہاں نہروں کے ذریعہ اس کا پانی دور دور تک پھیلا دیا گیا ہے۔ اس کے کنارے پر مشہور شہر سنبھل پور، کٹک اور پُری ہیں۔

گوداوری:

یہ دریا شہر ناسک کے قریب مغربی گھاٹ کے پہاڑوں سے نکلا ہے۔ اس کا منبع بحیرۂ عرب کے ساحل سے صرف پچاس میل دور ہے۔ مگر خلیج بنگالہ تک پہنچنے میں اسے نو سو

میل، علاقہ بمبئی اور ریاست حیدرآباد سے گزرنا ہوتا ہے۔ پھر مشرقی گھاٹ کی ایک گہری تنگنگائے سے نکل کر مدراس کے ساحلی میدانوں کو عبور کرتا ہے۔ سمندر سے چالیس میل دور تمقام دولیش ورم پر اس کی شاخیں ہو گئی ہیں، اور یہیں ایک بہت بڑا بند باندھ کے نہریں نکالی ہیں جن کا مجموعی طول ۲۶ سو میل ہے، ان سے آس پاس کی اور خود ڈیلٹا کی زمینوں کی آب پاشی ہوتی ہے۔ اس مقام سے آگے راج مندری پر ریل کا ایک لمبا پل بنایا گیا ہے اور مدراس سے کلکتہ جانے والی ریل گوداوری کو یہاں عبور کرتی ہے۔

دریائے کرشنا:

مہابلیشور کے قریب مغربی ساحل سے چالیس میل کے فاصلے سے نکلا ہے اور جنوبی دکن میں آٹھ سو میل سے زیادہ بہہ کر خلیج بنگالہ میں جا گرا ہے۔ اس کی بالائی گزرگاہ تین سو میل تک احاطۂ بمبئی میں اور وسطی حصہ چار سو میل تک ریاست حیدرآباد میں اور دو سو میل کا آخری ٹکڑا احاطۂ مدراس میں ہے۔ بھیما اور موسی ندی بائیں کنارے پر اور "تنگ بھدرا" (جو خود تنگا اور بھدرا سے مل کر بنی ہے) دائیں کنارے پر، کرشنا کے مشہور معاون ہیں۔ مقام بجواڑہ یعنی سمندر سے پینتالیس میل کے فاصلے پر کرشنا کا ڈیلٹا شروع ہوتا ہے لیکن شاخوں میں منقسم ہونے سے پہلے وہ نیچی نیچی پہاڑیوں کے درمیان تیرہ سو گز عریض گھاٹی سے گزرا ہے جس میں ایک سرے سے دوسرے سرے تک بند باندھ کے پانی روکا اور اس سے دو ہزار میل لمبی نہریں بنائی ہیں جو ایک ہزار مربع میل کے رقبے کو سیراب کرتی ہیں۔

کورگ کے ایک پہاڑ برہما گری، نامی سے "کاویری" نکلتی ہے اور ۴۷۵ میل جنوب مشرق کی سمت، کورگ، میسور، اور کرناٹک کے میدانوں سے گزرتی ہوئی خلیج بنگالہ میں

جا گرتی ہے۔ ریاست میسور میں اس دریا پر بارہ جگہ بند باندھ کر ایک ہزار میل لمبی نہریں کاٹی ہیں۔ یہاں اس دریا میں سری رنگ پٹن یا سرنگا پٹم کا مشہور ٹاپو واقع ہے، جہاں شیر میسور، حیدر علی، اور اس کے بیٹے شاہ فتح علی سلطان کا مضبوط قلعہ تھا۔

ایک اور ٹاپو سیوا سمدرم ہے جہاں کاویری کے خوبصورت آبشار ۳۳۰ فٹ اونچی چٹانوں سے نیچے زمین پر گرتے ہیں اور یہیں بند تعمیر کر کے برقی قوت پیدا کی گئی ہے۔ جس سے کولار کے معدن میں کام لیتے اور بنگلور میں روشنی کرتے ہیں۔ ترچناپلی کے نیچے کاویری کی دو شاخیں ہیں جن کی نہروں سے دس لاکھ ایکڑ زمین میں آب پاشی ہوتی ہے، خود اس کے ڈیلٹا کا قطعہ یعنی تنجور سرسبز اور شادابی میں جنوبی ہند کا چمن کہلاتا ہے۔

ماخوذ از کتاب: جغرافیہ عالم (حصہ اول)۔
تالیف: ای۔ مارسڈن، وی۔ آلفورڈ سمتھ / ترجمہ: مولوی سید ہاشمی فرید آبادی

***

کانپور: ہاں یہی شہر نوا ہے

ضیا فاروقی

ضیا فاروقی (پیدائش: ۱۲/ ستمبر ۱۹۴۷) کانپور کی معروف ادبی شخصیت ہیں، جن کے تحقیقی و تنقیدی مضامین اور کتب پر تبصرے و جائزے مختلف رسائل و جرائد میں شائع ہوتے رہے ہیں۔ ان کا ایک اہم کام "مثنوی کانپور نامہ" ہے جو کانپور کی ڈھائی سو سال کی ایسی منظوم ادبی تاریخ ہے جس سے کانپور کی لسانی قدامت کا بھی پتہ چلتا ہے۔ یہ کتاب "کانپور نامہ" ۲۰۰۵ء میں اشاعت پذیر ہوئی تھی۔ اسی کتاب سے اخذ شدہ ضیا فاروقی کا ایک نہایت اہم و مفصل مقالہ پیش ہے۔

سولھویں اور سترھویں صدی عیسوی میں جب اودھ اور اس کے اطراف میں علم و حکمت کے دریا موجزن تھے۔ شہر ادب کانپور کی صورت حال کیا تھی کچھ پتا نہیں چلتا۔ البتہ میر غلام علی آزاد بلگرامی نے اپنی مشہور کتاب "سرو آزاد" مطبوعہ ۱۱۴۴ھ میں دیوان سید رحمت اللہ بلگرامی اور پنڈت چنتا من کی شعری خدمات کا تذکرہ ضرور کیا ہے جو عہد عالمگیری میں جاجمؤ میں قیام پذیر تھے۔

حالانکہ جغرافیائی اعتبار سے اگر دیکھا جائے تو جاجمؤ جو مخدوم شاہ اعلی کے قدموں کی برکت سے ساتویں صدی ہجری میں ہی برصغیر کی اسلامی تاریخ کا ایک حصہ بن چکا تھا، اس وقت تک اودھ کے حکمرانوں کی جاگیر کا صدر مقام اور ایک فوجی مستقر کی حیثیت رکھتا تھا اور اس کے اطراف میں پھیلے جنگلات میں وہ قریے اور مزارع بھی تھے جن کا باہر کی متمدن دنیا سے بظاہر کوئی رابطہ نہیں تھا۔

گمان غالب ہے کہ ماضی بعید میں کانپور بھی ایسی ہی ایک مختصر سی آبادی کا نام تھا۔ اردو زبان و ادب کے حوالے سے اگر دیکھا جائے تو اس کے خد و خال اس وقت نمایاں ہوتے ہیں جب اٹھارہویں صدی عیسوی کے نصف آخر میں ایسٹ انڈیا کمپنی نے اس پر اپنا تسلط قائم کیا۔

کمپنی کا فوجی اور صنعتی مستقر ہونے کے سبب جہاں تجارت پیشہ افراد یہاں آئے وہیں تلاش معاش کے سلسلے میں بھی لوگوں نے ادھر کا رخ کیا اور دیکھتے ہی دیکھتے یہ ارض کم شناخت ایک ایسے وسیع و عریض شہر میں تبدیل ہو گئی جس میں نہ جانے کتنے دیہات اپنا وجود کھو بیٹھے۔ باہر سے آنے والے حضرات میں یقیناً اہل علم بھی تھے اور علم دوست بھی۔ بعد میں چند صاحبان علم و ادب اور اہالیان جاہ و حشمت بھی لکھنو سے سیاسی مصلحتوں اور درباری ریشہ دوانیوں کے سبب یہاں آئے اور اس شہر کی ادبی شناخت کے ضامن ہوئے۔

مثلاً رجب علی بیگ سرور نے بعہد نواب غازی حیدر اپنی جلاوطنی کے تین سال یعنی ۱۸۲۴ء سے ۱۸۲۷ء تک اس شہر میں گزارے اور اس دوران بقول شخصے اپنی بیکاری اور غریب الوطنی سے تنگ آ کر جب انہوں نے بحر ادب میں غوطہ لگایا تو تہہ سے "فسانۂ عجائب" جیسی تخلیق نکال کر لائے جو آج بھی اردو کے کلاسیکی ادب میں سنگ میل کا درجہ رکھتی ہے۔ اسی طرح نواب آغا میر کو بھی بوجوہ چند نواب نصیر الدین حیدر کے زمانے میں لکھنو جیسے گلشن آباد کو خیر باد کہہ کر کانپور کو دارالسرور بنانا پڑا۔ نواب آغا میر کے ساتھ ان کے قرابت داروں اور بہی خواہوں کی ایک بڑی تعداد بھی یہاں پناہ گزیں ہوئی جن کے دم سے اس شہر میں شعر و سخن کا بازار گرم ہوا۔

برصغیر میں ۱۸۵۷ء کے جہاد عظیم سے خصوصاً مسلمانوں کا جو نقصان ہوا اس نے

انہیں خود اپنا محاسبہ کرنے پر مجبور کر دیا۔ چنانچہ علم کی اہمیت اور مدرسوں کی افادیت کے پیش نظر علمائے وقت نے کانپور کو بھی ایک مرکز بنایا اور مفتی عنایت احمد کاکوروی، مولوی لطف اللہ علی گڑھی، مولانا احمد حسن کانپوری، مولانا اشرف علی تھانوی، مولانا آزاد سبحانی، مولانا یحییٰ ہزاروی اور مولانا محمد علی کانپوری ثم منگیری جیسے علمائے کرام اور مولوی عبدالرحمن شاکر، منشی رحمت اللہ رعد، سید اسماعیل منیر، مولوی عبدالرزاق اور مولوی محمد یعقوب جیسے اکابرین وقت کے طفیل مدرسہ فیض عام، مدرسہ احسن المدارس، مدرسہ جامع العلوم اور مدرسہ الٰہیات جیسے علمی ادارے یکے بعد دیگرے نہ صرف علوم مشرقیہ کے امانت دار بنے بلکہ ان کے وجود سے شعر و ادب کو بھی فروغ حاصل ہوا۔ یہاں کچھ خدا رسیدہ بزرگوں نے بھی رشد و ہدایت کی شمعیں جلا رکھی تھیں جہاں خود آگاہی اور خدا مستی کے لئے شعر و سخن کو ایک حربے کے بطور استعمال کیا جاتا تھا۔

ان سب کے علاوہ انیسویں صدی عیسوی کے وسط اور اس کے بعد یہاں قائم ہونے والے مطابع اور ان کے تحت شائع ہونے والے اخبارات و کتب کی بدولت بھی اردو زبان و ادب کی بہت ترقی ہوئی۔ ویسے تو یہاں پہلا سنگی چھاپا خانہ ۱۸۳۰ء میں ایک انگریز مسٹر آرچر نے قائم کیا تھا مگر بعد میں مولوی عبدالرحمن نے ۱۸۴۷ء میں مطبع نظامی کی بنیاد ڈالی جس میں نہ صرف یہ کہ برصغیر کے معروف اہل قلم کی تصانیف شائع ہوئیں بلکہ ہفت روزہ 'نور الانوار' اور 'نور الآفاق' کا اجراء بھی ہوا۔ کہتے ہیں کہ نور الانوار سرسید احمد خاں کی مخالفت اور 'تہذیب الاخلاق' کے جواب میں نکلا تھا۔ اسی دور میں منشی رحمت اللہ رعد نے جو سرسید کے پرجوش حامی اور شعلہ بیان مقرر بھی تھے مطبع نامی قائم کیا جس کے تحت منجملہ دوسری علمی ادبی کتابوں کے، مولوی عبدالرزاق کی "ابرامکہ" (جو وزرائے عباسیہ کی مستند تاریخ ہے) اور مولانا شبلی نعمانی کی "الکلام" جیسی اہم کتابیں بھی شائع کیں۔

یہیں سے بر صغیر کا پہلا باتصویر اردو اخبار "تصویر عالم" بھی عالم وجود میں آیا۔ مطابع کے تذکرے میں جمنا پرشاد کا مطبع 'شعلہ طور' بھی قائم ہوا اور اسی نام سے ایک ہفت روزہ بھی نکلتا تھا۔ حاجی محمد سعید کا مطبع مجیدی، حاجی محمد یعقوب کا مطبع قیومی بھی اسی دور کی یادگار ہیں۔ ان مطابع کے علاوہ مطبع نول کشور، مطبع احمدی، مطبع عزیزی، مطبع آصفی، رئیس المطابع اور مطبع مصطفائی کے ذریعہ بھی معیاری کتب و رسائل کی اشاعت ہو رہی تھی۔ کہا جاتا ہے کہ مرزا غالب بھی کانپور کے چھاپاخانوں کے قتیل تھے۔ انہیں مطابع کے بدولت کانپور میں شعر و ادب کا ماحول تو بنا ہی، یہ شہر کتب و رسائل کے کاروبار کا ایک بڑا مرکز بھی بن گیا۔

انیسویں صدی کے نصف آخر میں کانپور سے اردو کے کئی اہم اخبارات و رسائل نکلے۔ نورالانوار، نورالآفاق، تصویر عالم اور شعلہ طور کا ذکر اوپر آ چکا ہے۔ ان کے علاوہ ہفت روزہ 'دریائے لطافت' سنہ اشاعت ۱۸۶۵ء، ہفت روزہ مطبع نور سنہ اشاعت ۱۸۰۹ء، منشی گوکل پرشاد کا ماہنامہ مال تہذیب ۱۸۶۸ء، بابو راج بہادر زخمی کا 'مخبر حقیقی' جو اردو اور ہندی دونوں میں نکلتا تھا اور نالہ زخمی ۱۸۸۶ء، مشی گنگا پرشاد کا ماہنامہ رونق ہند ۱۸۸۳ء، حافظ عبدالحق حقیقی کا گلدستہ چمنستان سخن، عنایت حسین کا ماہنامہ بہار سخن، شیخ علی احمد علی کا تہذیب سخن، بابو ہرنام سنگھ کا کانپور گزٹ، حاجی محمد سعید کا تحفۂ محمدیہ، اور مولانا آزاد سبحانی کا سیاح الاسلام جیسے اخبارات و رسائل کے سبب یہاں شعر و سخن کے ساتھ ساتھ گنگا جمنی تہذیب و روایات کو بھی بہت فروغ حاصل ہوا۔

مطبع عزیزی سے شائع ہونے والے شعری گلدستے پیام عاشق مطبوعہ ۱۸۸۴ء کے جو نسخے راقم کی نظر سے گزرے ہیں ان میں ہندوستان کے معروف شعراء کے ساتھ ساتھ کانپور کی ارباب نشاط کا کلام بھی موجود ہے۔

چنانچہ ہائے دل اور جلائے دل کے قافیہ اور ردیف میں بی امراؤ جان دلبرا نامی شاعرہ کہتی ہیں:

اس شمع رو کی بزم سے اٹھتا نہیں رقیب
پروانے کی طرح کوئی کب تک جلائے دل

یہیں بی مولا جان نازنین کا یہ شعر بھی نذر قارئین ہے:

اترا ہوا جو ہار گلے کا ترے ملے
پہلو میں مثل گل کے نہ پھولا سمائے دل

اردو زبان و ادب کی ترقی میں کانپور کی اس دور کی ادبی انجمنوں اور تنظیموں کی خدمات سے بھی انکار نہیں کیا جاسکتا ہے۔ ایک ادبی انجمن 'اخوان الصفا' جس کے بانی منشی رحمت اللہ رعد تھے ۱۸۸۵ء میں یہاں قائم ہوئی۔ جیسا کہ اوپر لکھا جا چکا ہے منشی رحمت اللہ رعد سر سید احمد خاں کے بہت بڑے مداح اور علی گڑھ تحریک کے زبردست حامی تھے۔ چنانچہ اخوان الصفا کے اراکین جن میں مولوی محمد حسین اسٹنٹ ڈائرکٹر اگریکلچر، حافظ الٰہی بخش شائق میونسپل کمشنر، سید جعفر حسین ڈپٹی مجسٹریٹ، میر علی حسین سپرنٹنڈنٹ زراعت، بابو عبدالعزیز، حاجی مولا بخش، منشی نظیر علی اور حاجی فخر الدین جیسے اکابرین موجود تھے۔ شعر و فن کے ساتھ ساتھ سر سید کے نظریات کی وکالت اور علی گڑھ کالج کے استحکام کے سلسلے میں بھی پیش پیش تھے۔

شعر و ادب کے حوالے سے انیسویں صدی کے وسط میں قائم ہونے والی انجمن "حلقۂ ادب" جس کے روح رواں عروج کانپوری تھے بہت ممتاز تھی۔ اس انجمن کے ایک اہم رکن طاہر فرخ آبادی کا یہ شعر آج بھی اتنا ہی مقبول ہے جتنا کل تھا:

مکتب عشق کا دیکھا یہ نرالا دستور

اس کو چھٹی نہ ملی جس نے سبق یاد کیا

یہاں ابو العلا حکیم ناطق کی "جامع ادبیہ" کے حوالے سے کی گئی ان کوششوں کو بھی فراموش نہیں کیا جاسکتا ہے جن کے طفیل غزل حکایت بایار گفتن کی قید سے رہا ہو کر زندگی کے دوسرے مسائل سے روشناس ہو سکی۔ اس اصلاحی تحریک کو پر اثر بنانے میں جو لوگ سامنے آئے ان میں صفی لکھنوی، محشر لکھنوی، نوبت رائے نظر، ننھے آغا بابر، مرزا شررا اور عزیز لکھنوی سبعہ سیارہ کے لقب سے ملقب بھی ہوئے۔

یہی وہ عوامل تھے جن کے سبب علمی طور پر گمنام یہ شہر انیسویں صدی عیسوی کے نصف آخر میں علم و ادب کا ایک ایسا دریائے سبک و شیریں بن گیا جس نے مغرب سے مشرق تک کے تشنگان علم کو سیر اب کیا اور جس کی وجہ سے نہ جانے کتنے عشق پیشہ اور جنوں آشنا یہاں رقص بداماں نظر آئے۔

سید اسماعیل منیر، سعید عظیم آبادی، اکبر حسین سیف، احمد حسین سالک، تاج الدین تمیز اور محمد ابراہیم اشیم وغیرہ اس موسم بہار کے گل سر سبد تھے۔

اس منظر نے بعد میں آنے والوں پر بھی ایسا سحر کیا کہ وہ ہمیشہ کے لیے یہیں کے ہو رہے۔ چنانچہ بیسویں صدی کے اوائل میں جو اہم نام ہمارے سامنے آتا ہے وہ منشی دیا نرائن نگم کا ہے جو ۱۹۰۳ء میں ماہنامہ "زمانہ" کا کاروبار الہ آباد سے کانپور لائے اور اپنے حلقے میں منشی پریم چند، درگا سہائے سرور جہان آبادی، پیارے لال شاکر، نوبت رائے نظر، مولانا احسن سمبھی اور یعقوب کلام جیسے نکتہ دان اور نکتہ رس حضرات کو بھی اسیر کر لیا۔ اسی طرح مولانا حسرت موہانی نے بھی اس شہر کو نہ صرف یہ کہ اپنا جائے عمل اور سکونت بنایا بلکہ استقلال اور اردوئے معلی کے ذریعہ کانپور کا نام بھی روشن کیا۔

آزادی سے پہلے یہاں سے جو معتبر اخبارات و رسائل نکلے ان میں حکیم ناطق

لکھنوی کی ادارت میں نکلنے والا ماہنامہ "العلم"، حامد حسن قادری کا بچوں کا "اخبار سعید"، روحی الہ آبادی کا 'شگوفہ'، افق کانپوری کا 'چمنستان'، ثاقب کانپوری کا ماہنامہ 'نظارہ'، پروفیسر موہن سنگھ دیوانہ کا 'ستارہ'، دور ہاشمی کا طنز و مزاح پر مبنی رسالہ 'چونچ' اور خواتین کا رسالہ 'مستورات' جس کو حبیبہ بلقیس بیگم نکالتی تھیں۔ مولانا اسماعیل ذبیح کا 'قومی اخبار' وغیرہ ایسے اخبار و رسائل تھے جو یہاں کی ادبی فضا کو گلنار بنا رہے تھے۔

اس فہرست میں ایسے بہت سے حضرات کے نام آتے ہیں جنہوں نے بیسویں صدی کے نصف اول میں قوم و ملت کی خدمت کے ساتھ ساتھ صحت مند ادب کے لئے بھی خود کو وقف کر رکھا تھا۔ مولانا نثار احمد کانپوری، مولانا وصی علی ملیح آبادی، مولانا آزاد سبحانی، مولانا اسماعیل ذبیح، پنڈت گیا پرشاد شکل ترشول، بابو گنگا دھر فرحت، کرشن سہائے وحشی ہستکاری جیسے حضرات کا شمار نہیں باکمالوں میں ہوتا ہے۔

اس تذکرے میں حافظ حلیم کی علم دوستی کو بھی فراموش نہیں کیا جا سکتا جنہوں نے حلیم کالج اور جبلی نسواں اسکول جیسے اداروں کی بنیاد رکھی۔ اس کے علاوہ مولانا شبیر احمد سمبھی کو، جنہوں نے مولانا محمد علی میموریل اسکول کی بنیاد ڈالی یقیناً یہاں کے ادبی منظر میں بھی بہت نمایاں تھے۔

اردو زبان و ادب کی ترقی میں مندرجہ بالا تعلیمی اداروں کے علاوہ اس زمانے میں کرائسٹ چرچ کالج، پی۔ پی۔ این۔ کالج، گورنمنٹ ہائی اسکول اور کانیہ کبج کالج کے اردو شعبوں اور ان سے متعلق حضرات کی خدمات سے بھی انکار ممکن نہیں۔ کچھ نوجوان بھی یہاں کی ادبی محفلوں کو سجانے، شعر و سخن کو سنوارنے میں پیش پیش رہتے تھے جیسے کہ اشتیاق اظہر، حنیف فوق، سید ابوالخیر کشفی اور حسنین کاظمی وغیرہ۔

سیاسی اعتبار سے بیسویں صدی کا نصف اول پورے ملک کے لئے اہم تھا۔ پہلی

جنگ عظیم کے بعد عالمی سطح پر جہاں سماجی اور تہذیبی قدروں میں فرق آرہا تھا وہیں اہل قلم کا انداز فکر بھی بدل رہا تھا۔ کانپور میں یوں تو شروع سے ہی مختلف تہذیبی، لسانی اور کسی حد تک فکری عناصر کے خلط ملط ہونے سے ایسا ادبی مزاج تعمیر ہوا تھا جس پر نہ تو حکومت وقت کا ہی سایہ رہا اور نہ ہی یہ اہل زر کی مدح خوانی کے طفیل تھا بلکہ دیکھا جائے تو یہاں کے ادبی منظرنامے پر زبان و ادب کے کسی روایتی اسکول کا بھی کوئی خاص عکس نظر نہیں آتا اور زیادہ تر شعراء بقول سید حامد حسین قادری:

"لکھنوی کی نہ دہلوی کی طرف
ہم زباں میں نہیں کسی کی طرف"
کا مضمون پیش کر رہے تھے۔

اس ماحول میں جب ترقی پسند تحریک کا سرخ پرچم بلند ہوا تو اس کے زیر سایہ میں کانپور کے قلمکار بھی آئے۔ منشی پریم چند جن کے یہاں مارکسی نظریات کی بازگشت پہلے سے ہی موجود تھی، اس تحریک کے قائد بنے۔

ہر چند کہ دوسری جگہوں کی طرح کانپور میں بھی ایسے لوگ انگلیوں پر گنے جا سکتے تھے جو کسی خاص نظریے یا تحریک سے متاثر ہو کر تخلیقیت کا کرب اٹھاتے ہوں لیکن پھر بھی یہاں حسرت موہانی، ساحر ہوشیار پوری، نند کشور وکرم، نریش کمار شاد، سعید اختر نعمانی اور اسلم ہندی وغیرہ پر مشتمل ایک گروپ ایسا ضرور موجود تھا جو اس تحریک کی نمائندگی کر رہا تھا۔ اس زمانے میں نریش کمار شاد نے "چندن" کے نام سے ایک رسالہ نکالا جو کسی حد تک ترقی پسند تحریک کا ترجمان بھی تھا۔

ملک کی تقسیم کے بعد کانپور کا تہذیبی، معاشرتی ڈھانچہ بھی دوسرے شہروں کی مانند جس طرح مجروح ہوا اس کا اثر زبان و ادب پر پڑنا لازمی تھا۔ فرمان فتح پوری، اسماعیل

ذبیح، ابوالخیر کشفی، مولانا ناظر کسمری اور اشتیاق اظہر جیسے شعر و ادب کے آشنا دیار غیر کو سدھارے اور یہاں کی فضائیں اس خوشبو سے نامانوس ہونے لگیں جو اس چمن کا خاصہ تھی۔ اس بکھرے شیرازے کو یکجا ہونے میں کچھ وقت ضرور لگا لیکن صورت حال مایوس کن نہیں رہی۔

چنانچہ اب جو نیا منظر سامنے آیا اس میں وہ شعراء بھی جو اب تک محبوب کے لب و رخسار کو ہی شعر و ادب کا ماحصل سمجھتے تھے وہ بھی خون دل میں انگلیاں ڈبو کر تاریخ خونچکاں رقم کرنے لگے۔ یہاں غیرت اہل چمن کو للکارنے والوں کی بھی کمی نہیں تھی۔ انہیں وجوہات کی بنا پر ترقی پسند تحریک میں پھر ہلچل ہوئی۔ اس بار علی رضا حسینی، اکرام سہیل، بھیشم ساہنی، ابن حسن، نامی انصاری، ن۔ پرویز، تسکین زیدی، نجیب انصاری، عارف محمود اور اشہر قدوائی جیسے بالغ نظر سامنے آئے۔ اس تحریک کے لئے اپنے در وا کرنے والوں میں کامریڈ سلطان نیازی، مصطفی حسین نیر اور لطیف عباس پیش پیش تھے۔

آزادی کے بعد یہاں سے کئی اخبارات و رسائل کا اجراء ہوا۔ مولانا ذبیح جو تقسیم سے پہلے کانپور سے 'قومی اخبار' نکال رہے تھے، تقسیم کے بعد یہیں سے ان کے چھوٹے بھائی مولانا اسحاق علمی نے 'سیاست جدید' نکالا جو آج بھی ان کے بیٹے ارشاد علمی کی سربراہی میں قائم ہے۔ تقسیم وطن کے آس پاس کے ہی دور میں ثاقب صاحب کی نگرانی میں 'مضراب' نکلا۔ جو سید ابوالخیر کشفی اور حسنین کاظمی کے ترک وطن کے بعد بند ہو گیا۔

اسی طرح مولانا ظہیر الدین کا 'استقامت' ڈائجسٹ جو اردو کے علاوہ کچھ روز انگریزی میں بھی شائع ہوا۔ فیروز الدین بوبچہ کا 'رگ سنگ'، سلامت علی مہدی کا ماہنامہ 'جائزہ'، اسلام انصاری کا 'گامزن'، ظفر اقبال کا 'آب و رنگ'، کمال جائسی کا 'چمن زار'، گیانی کرتار سنگھ گویا کا 'گنگ و جمن'، اکمل ادیب کا 'چندن'، وجیہ الدین کا روزنامہ 'پیغام'،

خورشید پرویز کا ہفت روزہ 'تحریک'، خواجہ عبد السلام کا ہفت روزہ 'صداقت'، تابش نظامی کا فلم اسٹار ویکلی، زبیر احمد فاروقی کا روزنامہ 'انوار قوم' اور ماہنامہ 'خرام'۔ چودھری ریاض کا ماہنامہ 'کاوش' اور عزیز احمد کا 'دکھتی رگ' وغیرہ اپنے اپنے طور پر لسانی اور تہذیبی امانتوں کا بوجھ اٹھائے میدان ادب میں آئے۔ کچھ قعر گمنامی میں چلے گئے کچھ اپنی بقا کیلئے آج بھی جدوجہد کر رہے ہیں۔

ان دستاویزی ثبوتوں کے علاوہ یہاں کی ان ادبی تنظیموں اور اداروں کی خدمات سے بھی انکار نہیں کیا جا سکتا ہے جنہوں نے آزادی کے بعد اس شہر میں اردو شعر و ادب کے لئے راہیں ہموار کیں۔

بیسویں صدی کی آٹھویں دہائی میں نئی سڑک کا گرینڈ ہوٹل شاعروں اور ادیبوں کی ایسی آماجگاہ بنا ہوا تھا جہاں مختلف ادبی مسلک کے لوگوں میں شعر و سخن کے حوالے سے موشگافیاں ہوتی رہتیں۔ ان ہنگاموں میں اساتذہ جہاں اپنا کمال فن پیش کرتے وہیں شاگردوں کی تربیت بھی ہوتی۔ اسی دور پر شور میں عمائدین شہر کی انجمن "ادب عالیہ" کے تحت بھی طرحی اور غیر طرحی مشاعرے ہوتے رہتے۔ اس انجمن کے صدر گوری شنکر اور اراکین میں نواب مصطفے حسین خاں اثر، ندرت کانپوری، گنگا دھر فرحت، وحشی ہستکاری، سید محمد طاہر کاظمی، گیانی کرتار سنگھ گویا اور ساحر ہاشمی ادیب وغیرہ خود بھی شاعری کا اچھا مذاق رکھتے تھے۔

یہ مشاعرے اور نشستیں عام طور پر اردو زبان و ادب کے شیدائی ڈاکٹر بنواری لال روہتگی کے بنگلے پر منعقد ہوتیں۔ یہاں کے شعری منظرنامے میں جگر اکیڈمی کے روح رواں حضرت شارق ایرایانی کا حلقہ احباب و ارباب کافی وسیع تھا۔ اس اکیڈمی نے اپنی فعالیت کی بنا پر بازار ادب میں بہت نام کمایا اور آج بھی نشستوں، مشاعروں اور کتابچوں کی

اشاعت کے سلسلے میں سرگرم رہتی ہے۔ ایک زمانے میں حضرت ثاقب کانپوری کی خانقاہ بھی "گلستان ادب" بنی ہوئی تھی جہاں آئے دن شعر و سخن کی بزم آرائیاں رہتیں۔ بعد میں پروفیسر سید ابوالحسنات حقی نے یہیں "ہم قلم" کی بنیاد ڈالی جس کے جزل سکریٹری حسن عزیز ہوئے۔

ادھر تیس چالیس سال میں جو ادبی ادارے کانپور کے افق پر نمودار ہوئے ان میں ساحر ہاشمی کی پونم کلچرل سوسائٹی، کیف اکرمی کی فنکارانِ جدید، ناطر صدیقی کی ادبی سنگم، احتشام صدیقی کی ماجد میموریل سوسائٹی، مسرور بن عزیز کی ادبی سرکل، اصغر بن یعقوب اور ماجد جائسی کی رشید قمر میموریل سوسائٹی، ظفر احمد غازی کی اسلوب آرگنائزیشن جس کے تحت مغیث الدین فریدی لائبریری بھی قائم ہے۔

قاضی جنید اور خورشید الرحمن حنفی کی القاضی، نواب حسین کی ادبی منچ، یزدانی صدیقی کی فکر و فن، سید وسیم الحسن ہاشمی کا ادارۂ علم فن اور معراج صدیقی کی انجمن ادیبان میں سے بیشتر آج بھی اپنے منصب کو خوش اسلوبی سے نبھا رہی ہیں اور شعر و سخن کی بزم آرائیوں کے ساتھ ساتھ شعری گلدستے اور کتابچے شائع کر رہی ہیں۔

اس تذکرے میں حضرت شاہ منظور عالم کی خانقاہِ موج شاہی میں ہونے والی چہار ماہی نشستوں کو خصوصی طور پر شامل کیا جا سکتا ہے جو اپنی انفرادیت اور مخصوص تہذیبی روایات کی بنا پر کافی مشہور ہیں۔ شاہ صاحب کی قائم کردہ تنظیم "رسکھان" جس کے تحت مندرجہ بالا نشستیں اور ایک بڑا سالانہ مشاعرہ ہوتا ہے قومی یکجہتی کا ایسا استعارہ ہے جس سے اردو کے ساتھ ساتھ ہندی کے معتبر اور معروف اہل قلم بھی وابستہ ہیں۔ مہاادارہ نہ صرف اپنی گنگا جمنی تہذیب کے حوالے سے نمایاں ہے بلکہ شعر و ادب کی صحت مند کتابوں کی اشاعت کا بار گراں بھی اپنے سر لیتی ہے۔

ادب کے افق پر جب جدیدیت کا سورج طلوع ہوا تو کانپور کی شعری فضا میں روایت کا رنگ بہت گہرا تھا۔ یہاں اس تحریک کے اثرات اس وقت نمایاں ہوئے جب تحریک کے روح رواں شمس الرحمن فاروقی بسلسلۂ ملازمت چند برسوں کیلئے اس شہر میں آئے۔ شب خون کا اجرا ہو چکا تھا اور اس کے قاری بھی کانپور میں موجود تھے چنانچہ فاروقی صاحب کو یہاں جدیدیت کی تفہیم کے سلسلے میں زیادہ محنت نہیں کرنا پڑی اور چند معتبر شعراء اپنے قدیم رنگ سے پہلو تہی کرتے ہوئے شب خون کے زیر اثر آ گئے۔

فاروقی صاحب کے اس ادبی ارتعاش سے یہاں جو نئی راہیں ہموار ہوئیں اس کا اثر ان شعراء پر تو پڑا ہی جو محدود اثاثۂ لفظی کے تحت مضامین بلند باندھنے کے دعویدار تھے۔ نو واردان سخن بھی نئے آہنگ اور جدید لفظیات کی تلاش میں سرگرداں نظر آئے۔

اس طرح یہاں ایک ایسا شعری لہجہ ابھر کر سامنے آیا جس میں فرد کی بے چہرگی کا منظر بھی ہے اور زندہ چراغوں کے پرفریب اجالوں کا عکس بھی۔ یہی وجہ ہے کہ ادھر تیس چالیس سال کے عرصہ میں جن شعراء نے اس میدان میں قدم رکھا انہوں نے نہ صرف غزل میں روایت کی پاسداری کی بلکہ اپنے عہد کی بے چینی اور مایوسی کو بھی اپنی شاعری کا محور بنایا۔

نثر نگاری کے حوالے سے بھی یہ شہر کبھی کم سواد نہیں رہا اور اردو ادب کی کساد بازاری کے اس دور میں بھی کئی اہم نثر نگار کانپور میں اجالا بکھیرے ہوئے ہیں جیسے فکشن کے ترجمہ نگار کی حیثیت سے حیدر جعفری سید نے جہاں دوسری زبانوں کے قیمتی شہ پاروں کو اردو کے قالب میں ڈھال کر خود نام کمایا وہیں کانپور کا نام بھی روشن کیا۔ اسی طرح اردو ڈرامانگاری پر تحقیقی کام کرنے والوں میں ڈاکٹر زین الدین حیدر کا نام بھی نمایاں ہے۔

موجودہ وقت میں یہاں کئی قلم کار ایسے ہیں جن کے تنقیدی اور تقریظی مضامین

کتب ورسائل کی زینت بنتے رہتے ہیں لیکن شعر وادب کے مختلف گوشوں کا سنجیدگی سے جائزہ لینے والوں میں نامی انصاری اور عشرت ظفر کا نام اہم ہے۔ اس کے علاوہ پروفیسر سید ابوالحسنات حقی جن کی سرکردگی میں تحقیقی اور تنقیدی کام کرنے والوں کی ایک طویل فہرست ہے۔ ظاہر ہے کہ بغیر تنقیدی شعور اور تحقیقی مزاج کے اس راہ کی رہبری کرنا آسان نہیں ہے۔ نوجوان قلم کاروں میں خان فاروق کا نام بھی لیا جا سکتا ہے جو نہ صرف یہ کہ گہری تنقیدی بصیرت رکھتے ہیں بلکہ اکثر و بیشتر قلم کے حوالے سے اس کا اظہار بھی کرتے رہتے ہیں۔

افسانہ نگاروں کی فہرست میں بھی کئی چہرے سامنے آتے ہیں جیسے تسکین زیدی، شاہد اختر، خان حفیظ اور اشفاق برادر وغیرہ۔ لیکن تسکین زیدی اور شاہد اختر نے بہرحال اس میدان میں نام کمایا۔

کانپور کی سرزمین پر یوں تو شروع سے ہی حمد و نعت کی آبیاری ہوتی رہی ہے کہ بیشتر شعراء نے محض خیر و برکت کے لئے اپنے شعری اثاثہ میں حمد و نعت کو اولیت دی مگر اس میدان کے مرد بھی مخصوص تھے اور آہنگ بھی۔ شاعری کی اس جدید روش سے نعتیہ شاعری میں جہاں تنوع پیدا ہوا وہیں شاعروں کی ایک بڑی تعداد نے شہر سفاک کی تپتی راہوں پر چلتے ہوئے حق و معرفت کی سبک چھاؤں میں بھی پناہ لی۔ اس کا ثبوت و نعتیہ مجموعے ہیں جو بہاریہ شاعری کے متوالوں نے اس درمیان پیش کئے۔ دیکھا جائے تو اس کا ثواب مولانا محمد قاسم حبیبی برکاتی اور مولانا محمد میکائیل ضیائی کو پہنچتا ہے جنہوں نے خود اپنا اثاثہ لفظی اس در پر لٹایا اور دوسروں کو بھی ادھر راغب کیا، چنانچہ 'نعت اکیڈمی' کا قیام جس کے روح رواں یاور وارثی اور آصف صفوی جیسے نوجوان شعراء ہیں، اس جذبے کا نتیجہ ہے۔

لوح و قلم کے اس بسیط منظر نامے سے قطع نظر ادھر تین چار دہائیوں میں عوامی مشاعروں کا جو مزاج تعمیر ہوا ہے اس نے شعراء کے ایک طبقے کو مشاعرہ گاہ کی واہ واہ تک محدود کر دیا ہے۔ ان شاعروں کی نظر میں مشاعرے کے وہ سامعین یا تماش بین ہوتے ہیں جو یا تو گلوکاروں کی داد دیتے ہیں یا پھر عصری مسائل پر براہ راست گفتگو پسند کرتے ہیں چنانچہ شاعروں کے اس طبقہ نے بھی تازہ اخبار سے مشاعرے کا روبار چلانا شروع کر دیا۔

اس کاروبار میں وہ شاعر بھی ہیں جو اپنا لہو پانی ایک کر کے لفظوں کے موتی پروتے ہیں اور وہ بھی جن کی بیاض سخن پر "ہذا من فیض استاذی" لکھا ہوتا ہے۔ یہ صورت حال پوری اردو دنیا کی ہے۔ کانپور بھی اس سے مستثنیٰ نہیں ہے۔ اس کے باوجود یہاں آج بھی معتبر اور مستند شعراء کی ایک بڑی تعداد مشاعروں کی کامیابی کی ضمانت بھی ہے اور اردو زبان وادب کا وقار بھی۔

میری اس منظوم کاوش (مثنوی کانپور نامہ) کی ابتداء چند موجودہ ادبی بزرگوں اور دوستوں کے تذکرے سے ہوئی تھی۔ پھر ہوا یہ کہ "لوگ یاد آتے گئے اور داستان بنتی گئی"۔ اس طرح اب جو کچھ پیش کرنے کی جسارت کر رہا ہوں وہ صرف ان معتبر اور موقر حضرات کا مختصر سا تعارف ہے جن کے طفیل یہ دشت بے نوا علم وادب کے نقشے پر شہر نوا بن کر ابھرا۔

مجھے اعتراف اور احساس ہے کہ اس ادبی منظر نامے میں یقیناً بہت سے ایسے سابقہ اور حالیہ حضرات کے نام رہ گئے ہوں گے جن کی ادبی اور شعری خدمات کا جائزہ لیا جانا چاہئے تھا۔ مجھے اس بات کا بھی احساس ہے کہ شاعروں اور ادیبوں کی اس فہرست میں تقدیم و تاخیر کا بھی کوئی خاص اہتمام نہیں ہو سکا ہے۔ دراصل میرے جیسے بے بضاعت اور کوتاہ قلم سے یہ ممکن بھی نہیں تھا کہ کانپور کی کوئی مکمل ادبی تاریخ یا تذکرہ مرتب

کرتا۔ 'کانپور نامہ' تو بس ٹھہرے ہوئے پانی میں ایک کنکر پھینکنے جیسا ہے کہ کچھ ارتعاش ہو، کوئی لہر اٹھے اور شہر ادب کانپور کی ڈھائی سو سالہ ادبی تاریخ کے ان اوراق کو منظر عام پر لائے جو وقت کی دیمک کی نذر ہو رہے ہیں۔

ماخوذ از کتاب: کانپور نامہ (مثنوی) (سن اشاعت: ۲۰۰۵ء)
مصنف: ضیا فاروقی

※ ※ ※

بدایوں-روہیل کھنڈ علاقہ کے تاریخی شہر کی داستاں

نظامی بدایونی

ضلع بدایوں، روہیل کھنڈ کی قسمت میں ایک نہایت شاداب جگہ ہے جس کے ایک جانب دریائے گنگ لہریں مار رہا ہے، اور دوسری جانب رام گنگا جوش و خروش میں بہتی ہوئی چلی جاتی ہے۔ ان دو ندیوں کے درمیان یہ پر فضا مقام ہے، جس کے شمال میں حصہ ضلع بریلی، مراد آباد اور رام پور

جنوب میں فرخ آباد، ایٹہ، علیگڑھ

شرق میں حصہ ضلع بریلی، شاہ جہاں پور

اور مغرب میں ضلع بلند شہر ہے۔

اس ضلع میں پانچ دریا بہتے ہیں۔ گنگا، رام گنگا، سوتھ، مہابا اور ارل۔ ان میں سے سوتھ خاص شہر کے کنارہ پر رواں ہے اس کو "یار وفادار" بھی کہتے ہیں۔

بدایوں اپنی شاندار روایات کے اعتبار سے مہتم بالشان اور وقیع سمجھا جاتا ہے اور تاریخی دنیا میں اس کو طرۂ امتیاز حاصل ہے۔ اس شہر کی آب و ہوا کے متعلق بہت سے مقدس بھجن پرانی کتابوں میں پائے جاتے ہیں۔ ان بھجنوں میں قدیم شعرائے اہل ہنود نے اس شہر کے خوبصورت نظارہ پر خیال آرائی کرتے ہوئے دریائے گنگ کو بحر آسمانی، ہرے بھرے درختوں اور قدرتی پھولوں کو بہشت کا سرمایۂ ناز بتایا ہے۔ قدرت ہر زمانے

میں اپنی فیاضی کے چشمے کو رواں رکھتی ہے۔ دور حاضر میں بھی اس کی سیر اب کھیتیاں، گھنے گھنے درخت اس بات کا ثبوت دیتے ہیں کہ شہر کی آب و ہوا عمدہ ہے۔ روہیلکھنڈ کا دیگر اضلاع سے مقابلہ کیا جائے تو یہ کسی قدر گرم ہے۔ کتاب 'کنز التاریخ' کے مولف نے اس کا سبب یہ بتایا ہے کہ یہ شہر، بریلی، مراد آباد، شاہجہاں پور، وغیرہ کی بہ نسبت کسی قدر کوہ ہمالہ سے فاصلہ پر واقع ہے۔

اقوام کے عروج وزوال کی تاریخ سے دوش بدوش ہو کر اس شہر کے نام نے بھی کئی پلٹے کھائے ہیں۔ عہد پیشین کے مورخین نے اس کو ویدا مئو، بیدا مئو، بدھ مئو، لکھا ہے اور اس تغیر و تبدیل کے بعد 'بداؤں' اور پھر 'بدایوں' مشہور ہوا۔ شہر کے بعض قدیم الوضع لوگ اب تک اپنی روز مرہ میں "بداؤں" استعمال کرتے ہیں لیکن سرکاری کاغذات میں "بدایوں" لکھا جاتا ہے۔

اس قدم آبادی کی خاک سے مردانِ خدا، علمائے کرام، انشاء پرداز، شاعر، مورخ پیدا ہوئے ہیں۔ انگریزی تحقیقات کے نقطۂ نظر سے ۹۰۵ء میں بدھ نامی راجہ نے اس کو آباد کیا۔ ۱۰۲۸ء تک اس خاندان کے اقبال کا ستارہ روشن رہا۔ ہندو حکومت کے بعد یہ شہر بہادران اسلام کے شجاعانہ حملوں کا زبردست مرکز بن گیا۔ سب سے پہلے حضرت سالار مسعود غازی نے ۱۰۲۸ء میں حملہ کیا جن کی یادگار ابھی تک ایک میلہ کی صورت میں قائم ہے۔ جو "حظیرہ" کے نام سے مشہور ہے۔ یہ میلہ جیٹھ کے پہلے اتوار کو موضع لکھن پور میں ہوتا ہے۔

حضرت سالار مسعود غازی، محمود غزنوی کی بہن کے لڑکے اور فوج کے سپہ سالار تھے۔ بدایوں وغیرہ میں جہاد کرتے ہوئے ۱۰۳۳ء میں بہرائچ (اودھ) پہنچے۔ وہاں ایک مشہور مندر پر حملہ کیا اور ایک خونریز جنگ واقع ہوئی جس میں آپ نے ۱۴/رجب

۴۲۴ھ مطابق ۱۵/ جون ۱۰۳۳ء کو انیس (۱۹) برس کی عمر میں شہادت پائی۔ بہرائچ میں آپ کے مزار پر جیٹھ کے پہلے اتوار کو میلہ پوتا ہے اور بدایوں کی طرح یہاں بھی پتنگ بازی ہوتی ہے۔ آپ کے مزار کے متعلق ایک بہت بڑا وقف ہے جس کا اہتمام ایک ڈپٹی کلکٹر کے سپرد ہے۔ ہندوستان کی درگاہوں کے اوقاف میں یہ سب سے بڑا وقف ہے۔

"خطیرہ" عربی زبان میں چار دیواروں کو کہتے ہیں۔ میلہ کے مقام پر ایک چار دیواری بھی ہے جس میں ایک جگہ مخصوص کر دی گئی ہے۔ عوام کا اس جگہ کی بابت خیال ہے کہ مسعود غازی صاحب کی خنصر یعنی چھنگلیا جو لڑائی میں کٹ گئی تھی، یہاں مدفون ہے۔ لکھن پور شہر کے مشرقی جانب واقع ہے۔

۱۱۸۶ء میں قطب الدین ایبک کا حملہ ہوا اور انہوں نے اس شہر کو فتح کیا۔ یہ وہ عہد تھا جب کہ معزالدین سام ملقب بہ سلطان شہاب الدین کی بادشاہت کا ڈنکا دہلی میں بج رہا تھا اور قطب الدین وزیر اعظم کی حیثیت سے معاملات سلطنت کی گتھیاں سلجھا رہا تھا۔

۶۰۲ء میں سلطان شہاب الدین نے دنیا کو خیر باد کہا اور قطب الدین تاج و تخت کا ملک بن گیا۔

۶۰۰ء میں شمس الدین التمش بدایوں کا حاکم مقرر ہوا تھا۔ اسی عرصہ میں قطب الدین کی روح جسم خاکی سے پرواز کر گئی اور اس کے بیٹے آرام شاہ نے سلطنت کی باگ ڈور اپنے ہاتھ میں لی۔ مگر وہ اپنی نا قابلیت کی وجہ سے اس گرانقدر بوجھ کو سنبھال نہ سکا۔ حکومت کے ارباب حل و عقد نے شمس الدین التمش کو بدایوں سے بلا کر دہلی کا بادشاہ بنا دیا۔ مورخین اپنی اپنی تاریخوں میں اس کے زہد، تقوی و پرہیز گاری کا تذکرہ کرتے ہوئے اس کو اوصاف ظاہری اور صفات باطنی کا جامع بتاتے ہیں۔ اسی عہد میں اس کا بیٹا رکن الدین بدایوں کی گورنری کے فرائض کو حسن و خوبی سے انجام دے رہا تھا اور یہیں

سے اس کو دہلی کی تاجداری کا فخر حاصل ہوا۔

شمس الدین التمش نے بلدوز بادشاہ ترکستان کو جنگ میں شکست دے کر بدایوں میں قید کیا تھا اور وہ گرفتاری کی حالت میں یہاں مر گیا۔ مدرسہ مغزیہ کے پہلو میں، عقب جامع مسجد اس کی قبر ہے۔

۶۴۴ ہجری میں شمس الدین التمش کا چھوٹا بیٹا ناصر الدین محمود دہلی کا بادشاہ ہوا جس نے بیس برس سلطنت کرنے کے بعد ۶۶۴ھ میں انتقال کیا اور غیاث الدین بلبن مسند آرا سے سلطنت ہوا۔ جس زمانہ میں یہ بدایوں آیا تھا انہیں دنوں میں اس شہر کے گورنر نے ایک فراش کو نشہ کی حالت میں قتل کر دیا تھا۔ جب مقتول کے بیوہ کی فریاد بادشاہ کے کان میں پہنچی تو اس نے گورنر کا جرم ثابت ہونے پر اس کے اتنے کوڑے لگوائے کہ وہ مر گیا۔ اور اس کی لاش کو شہر پناہ کے دروازہ پر آویزاں کر دیا۔ مورخین اس عہد کو غلاموں کی سلطنت کہتے ہیں۔

۶۹۰ ہجری میں ملک چھجو حاکم کٹرہ مانک پور (ضلع شاہجہانپور) نے جو آتش بغاوت بھڑکا رکھی تھی اس کو مٹانے کے لئے سلطان جلال الدین خلجی نے روہیل کھنڈ کا رخ کیا۔ بدایوں پہونچ کر یہاں سے فوجیں بھیجیں، جنہوں نے کٹرہ میں امن قائم کیا۔ ملک چھجو مغلوب ہوا۔ اور بادشاہ نے اپنے بہشتی کو جو اس کی ہمراہی میں تھا کٹرہ مانک پور کا حاکم مقرر کیا اور وہ دہلی کو روانہ ہو گیا۔

۶۹۴ ہجری میں علاؤالدین خلجی نے اپنے چچا سلطان جلال الدین کو قتل کرتے ہوئے کٹرہ مانک پور میں اپنی بادشاہ کا اعلان کیا اور وہاں سے رکن الدین کا مقابلہ کرنے کے لئے جب دہلی کو روانہ ہونے لگا تو اس نے بدایوں میں قیام کیا۔ اس وقت اس کی ہمراہی میں ساٹھ ہزار سوار تھے۔ سلطان فیروز تغلق نے بھی دو سیدوں کے خون ناحق کا

انتقام لینے کو بدایوں پر چڑھائی کی اور اس نے تلوار ہاتھ میں لے کر کشتوں کے پشتے لگا دیئے۔ سیکڑوں بے گناہوں کی لاشیں زمین پر پڑی ہوئی خوف اور ہیبت کا نقشہ دکھا رہی تھیں اس خونریزی کا سلسلہ کئی سال تک جاری رہا۔ اسی زمانہ میں ملک قبول بدایوں کے حاکم مقرر کئے گئے جنہوں نے محلہ قبول پورہ آباد کیا تھا جو اس وقت تک موجود ہے۔

سید علاؤ الدین خاندان سادات کے آخری بادشاہ نے بدایوں کی آب و ہوا کو خوشگوار پاکر ۸۵۴ ہجری میں سکونت اختیار کر لی اور اسی شہر میں وفات پائی (وفات: ۸۸۳ھ م ۱۴۳۸ء)۔

سید خضر خاں کی شمع اقبال گل ہونے، ۱۴۲۶ء میں مہابت خاں کا مبارک شاہ کی اطاعت قبول کر لینے، ۱۴۴۶،۴۹ء میں عالم شاہ کے بدایوں آنے، اس کے وزیر کا بہلول لودی سے مل کر کچھ ملک چھین لینے، اور عالم شاہ کے مرتے دم تک ضلع پر قابض رہنے کے بعد اس کے داماد حسین شاہ نے بدایوں پر قبضہ کیا۔

۱۴۸۸ء میں سکندر لودی نے تخت نشین ہو کر اپنے بھائی باربک شاہ کو بدایوں اور جون پور کا گورنر مقرر کیا۔ مگر بدقسمتی سے وہ بھی باغی ہو گیا۔ ۱۵۵۰ء میں ہمایوں نے سنبھل اور بدایوں کے جدا جدا گورنر مقرر کئے۔ اقتدار اور حکومت کی رقابت نے دونوں گورنروں کے درمیان عداوت کی خلیج کو وسیع کیا۔ آخر کار سنبھل کے گورنر نے بدایوں کا محاصرہ کیا اور بدایوں کے ناظم کو مار ڈالا۔ وہ حکام جن کو بادشاہ نے امن کا ذمہ دار بنایا تھا، ان سب کا محض ذاتی عزت، ذاتی نمود کی نفس آرائی کو عنوان بنا کر ایک دوسرے سے لڑنا بدایوں کی تاریخ میں ایک ایسا واقعہ تھا جس نے رعیت کے دل پر ناگوار اثر ڈالا تھا۔ ع

خود خویشتن گم است کرا رہبری کند۔

۱۵۵۶ء میں اکبر عہد کی شعاعوں نے روشن ہو کر بدایوں کو نظام حکومت کی نئی

جھلک دکھائی۔ بادشاہ نے اس قدیم تاریخی شہر کو صوبہ دہلی کی سرکار قرار دیا اور قاسم علی خاں سرکار بدایوں نے جاگیر دار (حاکم صوبہ) مقرر ہوئے۔ اس زمانہ میں سرکار بدایوں آئین اکبری کے بموجب تیرہ محال یا پرگنوں پر مشتمل تھی جس میں موجودہ اضلاع شاہجہاں پور، بریلی، پیلی بھیت شامل تھے۔ منجملہ ۱۳ پرگنوں کے پانچ اس وقت تک ضلع بریلی اور چار ضلع شاہجہانپور میں شامل ہیں۔

۱۵۷۱ء میں جب کہ قنبر دیوانہ بدایوں کا حکم بن کر "دیوانہ بکار خویش ہشیار" پر عمل پیرا تھا، علی قلی خاں کی فوج نے قلعہ میں آگ لگا دی۔ اس قہر انگیز آتش کے شراروں نے شہر کی آبادی میں ہل چل پیدا کر دی تھی۔ مخلوق کا شیرازۂ عناصر منتشر ہو رہا تھا اور انسانی نگاہیں بڑے بڑے سامانوں کو خاک سیاہ دیکھ کر خدائے ذوالجلال سے رحم و کرم کی درخواست کر رہی تھیں۔

شہر اور قلعہ کے عالیشان مکانات دھوئیں کے رنگ سے ماتمی ہو رہے تھے۔ جامع مسجد کا گنبد اور محراب آگ کے شعلوں سے بھرا ہوا دکھائی دیتا تھا۔ جن لوگوں نے قلعہ کی اونچی اونچی دیواروں پر پہنچ کر پناہ لینی چاہی تھی ان کے پیچھے آگ سلگ رہی تھی۔ لاکھوں لوگ فصیل سے نیچے گر کر دم توڑ رہے تھے۔ بیقراری کا پر آشوب تلاطم برپا ہو جانے سے ہندو و مسلمان کی تمیز جاتی رہی تھی اور لاکھوں لاشیں گاڑیوں میں بھر کر دریا کے اندر ڈالی جاتی تھیں۔ اس عہد کے مشہور مورخ ملا عبدالقادر بدایونی مولف "منتخب التواریخ" نے اس جاں سوز واقعہ کا منظر اپنے ان دو مصرعوں میں پیش کیا ہے:

چہ پرسی از بدایون وز احوال پریشانش
کہ آیات عذاب النار نازل گشتہ در شانش

تواریخ میں آگ لگائے جانے کا سبب یہ بیان کیا گیا ہے کہ علی قلی خاں نے قنبر کے

غرور کا طلسم توڑنے کو اس پر چڑھائی کی تھی۔ ساکنان شہر علی قلی خاں سے ملے ہوئے تھے انہوں نے اس کو مطلع کیا کہ فلاں رات کو فلاں برج کی جانب سے حملہ کیا جائے اور سیڑھی اور کمندوں کے ذریعہ سے مدد دیں گے تاکہ فوج قلعہ میں آسانی سے داخل ہو سکے۔ جب فوج قلعہ میں داخل ہوئی اور اس نے شہر میں آگ لگا دی تو قنبر نے بھاگنا چاہا مگر گرفتار کر لیا گیا۔ پھر وہ ایک مجرمانہ حیثیت میں علی قلی خاں کے روبرو پیش کیا گیا علی قلی خاں نے اس کو اپنی اطاعت قبول کرنے کے واسطے کہا مگر اس نے اپنی رائے کو نہ بدلا اور اپنے غرور کو جتاتا رہا تو علی قلی خاں نے اس کو قتل کیا اور ایک عرضداشت کے ساتھ اس کا سر بادشاہ کی خدمت میں روانہ کر دیا۔

1719ء میں محمد شاہ نے قصبہ اوسہت اور بدایوں کے پرگنہ کو فرخ آباد میں ملا دیا اور علی محمد خاں سردار روہیلہ نے باقی حصہ پر قبضہ کر لیا۔

روہیلے قدرتی طور پر دلیر اور شجاع تھے۔ 1754ء میں اوسہت اور بدایوں بھی ان کی مقبوضات میں داخل ہو گیا لیکن جب مرہٹوں نے ان پر حملہ کیا تو انہوں نے کل خرچ دینے کے اصرار پر شجاع الدولہ وزیر اودھ کی مدد چاہی وزیر نے انگریزوں کی مدد سے روہیلوں پر حملہ کر دیا۔

اس میں شک نہیں کہ روہیلہ قوم نے بہادری کی سرزمین پر آنکھیں کھولی تھیں اور وہ افغانستان کی مشہور بہادر قوم تھی لیکن بے سر و سامانی کی وجہ سے وہ اپنے جنگی صفات کو بہترین صورت میں ظاہر نہ کر سکی اور اس کے جذبات نے جس آب و ہوا میں نشو و نما پائی تھی ان کو باقاعدہ طور پر عمل میں لانے سے مجبور رہی۔ 1774ء میں روہیلوں کو میراں پور کٹھرا کے قریب شکست حاصل ہوئی اور ان کے سردار نواب حافظ رحمت خاں مارے گئے۔ بدایوں کے سردار نواب دوندے خاں وزیر اودھ سے مل گئے تھے۔ وزیر نے فوراً

حملہ کر کے بدایوں لے لیا۔ اور انگریزی حکومت سے قبل بدایوں انہیں کی حکومت میں تھا۔ ۱۸۰۱ء میں وزیر اودھ نے کُل روہیل کھنڈ سرکار انگلیشہ کو دے دیا، اس وقت بدایوں ضلع مرادآباد کا ایک حصہ تھا۔ ۱۸۲۳ء میں قصبہ سہسوان اس ضلع کا مقام ہوا ۱۸۳۰ء میں خاص بدایوں صدر مقرر رہوا۔

۱۸۵۷ء میں جو مشہور ہنگامہ ہندوستان میں واقع ہوا اس کے اثر سے بدایوں بھی محفوظ نہ رہا، اس وقت مسٹر ایڈورڈس مجسٹریٹ ضلع تھے۔ انہوں نے اپنا روزنامچہ اس زمانہ میں لکھا تھا جس کا اردو ترجمہ شمس العلماء ڈاکٹر نذیر احمد دھلوی مرحوم نے "مصائب غدر" کے نام سے کیا ہے۔

اس میں غدر کے مفصل حالات درج ہیں۔ شہر میں یہ بدامنی عین عبد الفطر کے روز بتاریخ ۲۵ / مئی ۱۸۵۷ء شروع ہوئی تھی۔ خزانہ لٹا، جیل خانہ لوٹا گیا، بنگلہ اور کوٹھیوں کو آگ لگائی گئی چنانچہ سول لین میں ایک عمارت اب تک موجود ہے جو "جلی کوٹھی" کے نام سے مشہور ہے۔

ماخوذ از کتاب: بدایوں قدیم و جدید (سن اشاعت: ۱۹۲۰ء)

مصنف: نظامی بدایونی

* * *